RÉUSSIR

Tous droits réservés. Copyright
© 2024 by Madiop Auguste DIALLO
ISBN n° : 9798320625942

Dépôt légal : Mars 2024

Avant-propos

Le livre "RÉUSSIR" est une œuvre inspirante dédiée à tous ceux qui aspirent à améliorer leur situation financière par la création de revenus passifs, même en partant d'un capital initial limité. Ce guide pratique est le fruit d'années de recherche et d'expérience, dans le domaine de l'investissement et de l'entrepreneuriat.

"Réussir" se distingue par son approche terre-à-terre et accessible, rendant la finance personnelle compréhensible pour le lecteur moyen qui pourrait se sentir intimidé par le jargon complexe souvent associé au monde de l'investissement et de l'entreprise. Avec une combinaison équilibrée de conseils stratégiques, d'études de cas, et d'exercices pratiques, ce livre est à la fois un manuel d'initiation et un plan d'action pour quiconque cherche à construire un avenir financier plus stable et prospère.

À travers ses pages, je partage non seulement mes connaissances, mais aussi ma philosophie selon laquelle la réussite financière est possible pour tous. J'insiste sur l'importance de la patience, de l'éducation continue et de la persévérance. En outre, "Réussir" met en avant l'impact du soutien communautaire et familial dans le parcours vers la réussite, reconnaissant que derrière chaque histoire de succès se trouvent des mentors, des amis et des proches qui ont offert leur aide et encouragement.

Destiné aussi bien aux débutants qu'aux personnes déjà initiées aux principes de la création de revenus passifs, "Réussir" est plus qu'un livre : c'est une source d'inspiration, un appel à l'action pour ceux qui rêvent de liberté financière mais ne savent pas par où commencer. Dans un monde où l'incertitude économique peut sembler décourageante, "Réussir" offre espoir, direction et la promesse que, avec les bonnes stratégies et un réseau de soutien, la réussite financière est bien à portée de main.

Introduction

RÉUSSIR est un concept vaste et personnel qui englobe bien plus que le simple fait d'atteindre des objectifs spécifiques. Il s'agit d'un processus qui combine la découverte de soi, la persévérance, et l'adaptation continue face aux défis de la vie. Ce thème, exploré à travers les âges dans la littérature, la philosophie, et la psychologie, continue de susciter un intérêt profond pour son potentiel à transformer notre vie personnelle, professionnelle, et spirituelle.

Au cœur de la réussite se trouve l'idée de croissance et d'épanouissement personnels. Il ne s'agit pas seulement d'atteindre un sommet précis, mais plutôt de parcourir un chemin qui est lui-même enrichissant et significatif. La réussite englobe la capacité à fixer des objectifs ambitieux mais réalisables, à faire face à l'adversité avec résilience, à apprendre de ses échecs, et surtout, à rester fidèle à ses valeurs et convictions tout au long de cette quête.

Dans une société souvent focalisée sur les succès matériels et tangibles, il est important de rappeler que la réussite est également intérieure et profondément personnelle. Elle se mesure à l'aune du bonheur, de la satisfaction et du sentiment de réalisation que l'on ressent en poursuivant ses passions et en contribuant de manière positive à la communauté.

Ce concept riche et complexe sera exploré dans les pages qui suivent, non seulement à travers des théories et des réflexions philosophiques, mais aussi via des histoires inspirantes de personnes qui ont su définir et atteindre leur propre version du succès. L'objectif est de fournir au lecteur des outils, des idées, et des inspirations pour poursuivre sa propre quête de réussite, quel que soit le chemin choisi.

Réussir, un terme si couramment utilisé, mais dont l'essence semble parfois se dérober, est ici décliné en chapitres qui sondent les profondeurs de nos ambitions, motivations, et aspirations. Ce voyage au cœur de la réussite ne se limite pas à la conquête de sommets professionnels ou à l'accumulation de biens matériels. Il interroge également la plénitude de l'existence, la qualité de nos relations, la poursuite de nos passions, et notre capacité à contribuer à un monde meilleur.

À l'aube d'un nouveau millénaire, où le monde semble tourner à une vitesse vertigineuse et où les définitions traditionnelles du succès et de la réussite sont constamment remises en question, il n'a jamais été aussi crucial de se pencher sur ce que signifie véritablement "réussir". Ce livre, conçu comme une boussole pour l'âme autant que pour l'esprit, se propose d'explorer les multiples facettes de la réussite, à travers des prismes souvent négligés par les discours dominants.

Ce livre vous invite à une introspection, à une remise en question saine de vos propres critères de succès, et à une exploration des moyens d'atteindre une satisfaction durable et authentique dans vos vies.

Nous vous proposons des réflexions nourries par les sciences humaines, des témoignages inspirants de personnalités ayant atteint des formes de réussite remarquables, et des exercices pratiques conçus pour vous aider à tracer votre propre chemin vers le succès. Ces outils sont là pour vous guider, mais c'est votre engagement personnel, votre volonté de vous dépasser, qui seront les véritables moteurs de votre réussite.

En somme, ce livre n'est pas simplement à lire, mais à vivre. Il se veut un compagnon dans votre quête personnelle de réussite.

Chapitre 1. La Définition du Succès

D'après Romy SCHNEIDR « *Réussir, ce n'est pas toujours ce qu'on croit.*

Ce n'est pas devenir célèbre,

Ni riche ou encore puissant.

Réussir, c'est sortir de son lit le matin et être heureux

de ce qu'on va faire durant la journée,

Si heureux qu'on ait l'impression de s'envoler.

C'est travailler avec des gens qu'on aime.

Réussir, c'est être en contact avec le monde et communiquer sa passion.

C'est se coucher le soir en se disant

qu'on a fait du mieux qu'on a pu.

Réussir, c'est connaître la joie,

la liberté, l'amitié et l'amour.

Je dirais que réussir, c'est Aimer."

Cette citation encapsule une vision profonde et émotionnellement riche de la réussite. Il s'éloigne des paramètres conventionnels de la richesse, du pouvoir ou de la renommée, pour embrasser une définition du succès plus intime et centrée autour du bien-être et de l'épanouissement personnel.

La Joie au Quotidien

La notion que "réussir, c'est sortir de son lit le matin et être heureux de ce qu'on va faire durant la journée" met en lumière l'importance de trouver du plaisir et de la satisfaction dans les activités quotidiennes. Cela souligne la valeur d'une passion pour son travail, qui ne se mesure pas en termes de réussite externe mais dans le sentiment d'accomplissement personnel qu'elle procure.

Les Relations Humaines

L'importance accordée aux relations "travailler avec des gens qu'on aime" résonne avec l'idée que le succès se vit et se partage avec d'autres. Les interactions humaines enrichissantes sont souvent les plus grandes récompenses de nos efforts, soulignant ainsi que la réussite professionnelle n'est réellement complète qu'accompagnée d'une réussite relationnelle et sociale.

Communication et Partage

L'engagement envers "être en contact avec le monde et communiquer sa passion" parle de l'importance de s'ouvrir aux autres et de partager ce qui nous motive. Cela implique une vulnérabilité et une authenticité qui ne sont pas toujours faciles, mais qui sont essentielles pour un sentiment de réussite et d'appartenance authentiques.

Réflexion et Satisfaction Intérieure

L'idée de "se coucher le soir en se disant qu'on a fait du mieux qu'on a pu" évoque une forme de réflexion personnelle où le succès est intrinsèquement lié à l'effort personnel et à la croissance. C'est une reconnaissance que la perfection n'est pas le but ; le véritable succès est de s'efforcer, d'apprendre et d'évoluer.

Amour et Connexion

Enfin, conclure que "réussir, c'est aimer" est une puissante affirmation de l'amour comme ultime mesure du succès. Cela va au-delà de l'amour romantique pour englober l'amour de soi, l'amitié, et une connexion empathique avec la communauté et l'environnement. L'amour est vu non seulement comme une émotion, mais comme une action quotidienne qui enrichit notre expérience de la vie.

Cependant, l'essence de cette citation capture magnifiquement une perspective holistique et profondément humaine de la réussite. Elle suggère que le véritable succès transcende les accomplissements visibles et matériels pour toucher à la qualité de notre expérience de vie, à nos relations, et à notre capacité à aimer et à être passionné par ce que nous faisons. Indépendamment de son auteur, le message reste puissant et inspirant, encourageant une réévaluation personnelle de ce que signifie réellement "réussir" dans la vie.

Cette réflexion sur la réussite rappelle que les mesures les plus significatives du succès sont souvent intangibles. Elles ne se trouvent pas dans ce que nous avons ou ce que nous sommes aux yeux des autres, mais plutôt dans la qualité de notre expérience vécue, dans la profondeur de nos relations, et dans l'authenticité de notre engagement avec le monde qui nous entoure.

La réussite est un concept vaste et multifacette qui va bien au-delà de la simple acquisition de richesse ou de la reconnaissance professionnelle. Elle touche à différentes dimensions de la vie humaine, englobant les succès personnels, professionnels, et parfois même, le sens que l'on donne à sa contribution au monde. Explorer la réussite, c'est plonger dans une quête de réalisation qui est à la fois unique pour chaque individu et universelle dans son aspiration.

Voici quelques dimensions à travers lesquelles le succès peut être perçu :

1. **Réussite Personnelle**
Sur le plan personnel, le succès peut signifier l'atteinte d'objectifs de vie tant souhaités, comme réaliser un rêve de longue date, atteindre un équilibre entre la vie professionnelle et personnelle, ou encore cultiver un sentiment de satisfaction et de bonheur. Cela inclut aussi le développement personnel, comme l'amélioration de soi, l'acquisition de nouvelles compétences, ou la croissance émotionnelle et intellectuelle.

2. **Succès Professionnel**
Dans le contexte professionnel ou d'affaires, le succès est souvent mesuré par des réalisations telles que l'avancement de carrière, l'innovation, la contribution significative à un domaine spécifique, ou la création d'une entreprise prospère. Il peut

également être évalué en termes financiers, tels que le revenu, la profitabilité, ou les parts de marché.

3. **Impact Social**
Pour certains, le succès prend une dimension plus collective ou altruiste. Il s'agit de l'impact qu'une personne ou une organisation a sur sa communauté, son pays, ou même à l'échelle globale, comme par exemple, contribuer à des avancées sociales, environnementales, ou éducatives, influencer positivement la vie des autres, ou œuvrer pour la justice sociale.

4. **Reconnaissance et Estime**
Un autre aspect du succès peut être la reconnaissance par ses pairs, que ce soit à travers des prix, des distinctions, ou tout simplement le respect et l'admiration de ceux autour de soi. Pour certains, le succès est intimement lié au sentiment d'accomplissement personnel qui vient de cette reconnaissance.

5. **Équilibre et Harmonie**
De plus en plus, le succès est aussi perçu en termes de capacité à atteindre un équilibre sain entre différents aspects de la vie, comme le travail, la famille, les loisirs, et le bien-être personnel. Pour beaucoup, réussir signifie pouvoir concilier ces divers éléments de manière équilibrée et harmonieuse.

6. **Impact et Contribution**

L'aspect le plus noble de la réussite pourrait être l'impact que l'on a sur le monde et les personnes autour de soi. Cela peut prendre la forme de contributions significatives à la société, comme le soutien aux personnes démunies, l'avancement de causes importantes, ou la participation à la résolution de problèmes globaux. La réussite, dans ce contexte, est évaluée non pas en termes de ce que l'on acquiert, mais de ce que l'on donne. Elle reflète une vision du monde où la valeur individuelle est intimement liée au bien-être collectif.
En résumé, le succès est un concept

multidimensionnel, profondément personnel et évolutif. Ce qui constitue le succès pour une personne peut différer radicalement pour une autre, reflétant la diversité des valeurs, objectifs, et aspirations humaines.

La Réussite comme Processus

Peut-être que l'aspect le plus crucial de la réussite est de la concevoir non pas comme un point final, mais comme un processus. Elle est dynamique, évoluant avec nos rêves, nos objectifs, et nos valeurs. La réussite est aussi marquée par la capacité à s'adapter, à surmonter l'échec, et à poursuivre la croissance personnelle. Elle est intrinsèque à la quête de sens et d'objectif dans la vie, impliquant une introspection constante et une réévaluation des buts et aspirations.

Chapitre 2. La Connaissance de Soi

Croire en soi est essentiel lorsque l'on aspire à réussir. Cette croyance intérieure agit non seulement comme un moteur de motivation mais aussi comme un bouclier contre les doutes et les obstacles qui surgissent sur le chemin vers l'accomplissement de nos objectifs. Voici quelques stratégies pour renforcer la confiance en soi et forger un état d'esprit orienté vers le succès :

1. **Fixer des Objectifs Réalistes**

Commencez petit. Fixez-vous des objectifs à court terme réalistes et atteignables. La réussite de ces petits objectifs construit une base solide de confiance en soi, vous préparant pour des défis plus importants.

2. **Célébrer chaque Victoire**

Peu importe la taille de l'accomplissement, prenez le temps de le célébrer. Cela renforce la croyance dans vos capacités et motive pour la suite.

3. **Apprendre de l'Échec**

Considérez chaque échec comme une leçon précieuse et non comme une preuve de vos incapacités. L'échec est une étape naturelle dans le processus d'apprentissage et de croissance personnelle.

4. **Entourage Positif**

Entourez-vous de personnes qui vous soutiennent, vous encouragent et croient en vos capacités. Évitez les personnes toxiques qui minent votre confiance et votre estime de soi.

5. **Développement Personnel**
Investissez dans votre développement personnel à travers la lecture, les formations, les ateliers, etc. Améliorer vos compétences et acquérir de nouvelles connaissances peut booster significativement votre confiance.

6. **Visualisation Positive**
Pratiquez la visualisation positive. Imaginez-vous atteignant vos objectifs et réussissant. Cette technique peut augmenter la confiance en soi et la motivation.

7. **Dialogue Intérieur Positif**
Faites attention à votre dialogue intérieur. Remplacez les pensées négatives et autodestructrices par des affirmations positives et constructives. Comment vous parlez à vous-même peut avoir un impact profond sur votre confiance en soi.

8. **Prendre des Risques Calculés**
Osez sortir de votre zone de confort et prendre des risques calculés. Chaque nouvelle expérience est une opportunité de prouver que vous pouvez faire face à l'inconnu et réussir.

9. **Exercice et Bien-Être**
L'exercice régulier améliore non seulement la santé physique mais aussi la santé mentale, augmentant les sentiments de bien-

être et de confiance en soi.

10. **Méditation et Mindfulness**
La méditation et la pratique de la pleine conscience peuvent aider à réduire le stress et l'anxiété, favorisant un état d'esprit plus calme et plus confiant.

En fin de compte, croire en soi n'est pas un trait que l'on possède ou non, mais une qualité que l'on peut développer avec le temps et l'effort. En vous concentrant sur ces stratégies, vous bâtirez une confiance en vous robuste qui servira de fondation solide pour atteindre le succès dans tous les aspects de votre vie.

Chapitre 3. Fixer des Objectifs Réalisables

Fixer des objectifs réalisables est un processus essentiel pour le développement personnel et professionnel. Cela aide non seulement à canaliser votre énergie vers des buts précis, mais favorise également la motivation, la concentration et, en fin de compte, la réalisation de ces buts. Voici quelques étapes clés pour définir des objectifs réalisables :

1. **Soyez Spécifique**

Des objectifs bien définis sont plus faciles à atteindre. Au lieu de dire "Je veux être en meilleure forme", optez pour "Je veux courir 5 km en moins de 30 minutes d'ici six mois". La spécificité clarifie l'objectif et facilite la mesure du progrès.

2. **Assurez-vous qu'ils sont Mesurables**

Pour savoir si vous avez atteint votre objectif, vous devez pouvoir le mesurer.

Définissez des critères clairs pour le progrès et l'accomplissement. Par exemple, "augmenter le chiffre d'affaires de 20 % d'ici la fin de l'année" est un objectif mesurable.

3. **Rendez-les Atteignables**

Il est important que vos objectifs soient réalistes et réalisables avec les ressources et le temps dont vous disposez. Fixer des buts trop ambitieux peut mener à la frustration. Prenez en compte vos limitations actuelles et planifiez rationnellement.

4. **Soyez Pertinents**
Vos objectifs doivent avoir un sens pour vous et s'aligner sur vos valeurs et vos objectifs à long terme. Si un objectif ne vous passionne pas ou ne contribue pas de manière significative à votre vision à plus long terme, il se pourrait qu'il ne soit pas approprié.
5. **Définissez des Délais**

Un objectif sans échéance est souvent

reporté indéfiniment. Fixez une date limite réaliste pour atteindre votre objectif. Cela crée un sentiment d'urgence qui peut vous stimuler à agir.

6. **Fractionnez-les**

Des objectifs vastes ou à long terme peuvent sembler intimidants. Pour augmenter vos chances de succès, divisez-les en sous-objectifs plus petits et gérables. Cela rend le processus moins accablant et offre des occasions régulières de célébrer le succès en cours de route.

7. **Écrivez-les**

Mettre vos objectifs par écrit peut augmenter votre engagement envers eux. Un document ou un tableau d'objectifs tangible peut servir de rappel constant de ce que vous cherchez à accomplir.

8. **Évaluez et Ajustez**

Le chemin vers la réalisation d'un objectif n'est pas toujours linéaire. Il est important d'évaluer régulièrement vos progrès et d'être prêt à ajuster vos plans si nécessaire. La flexibilité peut être cruciale pour surmonter les obstacles imprévus.

En suivant ces étapes, vous pouvez définir des objectifs non seulement réalisables mais aussi inspirants et motivants. Rappelez-vous que la clé du succès réside souvent dans la **persévérance**, l'**adaptabilité**, et une **planification soignée**.

Chapitre 4. La Persévérance

La persévérance est un trait essentiel sur le chemin de la réussite. Elle peut être définie comme la détermination inébranlable à poursuivre un objectif ou à suivre un chemin, malgré les difficultés, les obstacles et les déceptions qui peuvent surgir. Cette capacité à persévérer, même en face de l'adversité, est souvent ce qui différencie ceux qui atteignent leurs objectifs de ceux qui abandonnent. Explorons pourquoi la persévérance est si cruciale pour la réussite.

La Valeur de la Persévérance

1. Surmounter les Échecs: Les échecs et les revers sont des composants naturels de tout processus de croissance ou de réalisation. La persévérance permet de voir ces échecs non pas comme des points finaux, mais comme des étapes, des leçons à apprendre pour progresser.

2. Le Temps et la Patience: Certaines ambitions, en particulier celles qui valent la peine, prennent du temps à se réaliser. La persévérance inculque la patience nécessaire pour attendre ces résultats sans se décourager.

3. Croissance Personnelle: Le chemin vers la réussite, pavé de défis et de difficultés, offre d'innombrables opportunités de croissance personnelle. Persévérer à travers les difficultés peut augmenter la résilience, la confiance en soi, et l'aptitude à gérer les défis futurs.

4. La Passion et la Motivation: La persévérance est souvent alimentée par une passion profonde pour l'objectif visé. Cette passion offre la motivation nécessaire pour continuer, même lorsque les circonstances semblent insurmontables.

Cultiver la Persévérance
Développer une Mentalité de Croissance: Croire en la capacité de grandir et de s'améliorer à travers les efforts et l'apprentissage peut encourager la

persévérance. Cette mentalité permet de voir les défis comme des opportunités d'évolution.

Se Fixer des Objectifs Réalisables: Comme mentionné précédemment, la division d'un grand objectif en plus petits, plus gérables, peut aider à maintenir la motivation et la persévérance.

Se Rappeler du 'Pourquoi': Se souvenir de la raison pour laquelle on poursuit un objectif peut raviver la motivation dans les moments difficiles. Cela peut impliquer de réfléchir profondément à ses valeurs et à ses aspirations.

Chercher le Soutien: S'entourer de personnes qui encouragent et soutiennent vos ambitions peut fournir un filet de sécurité émotionnel nécessaire pour persévérer.

Apprendre des Mentors: S'inspirer de ceux qui ont réussi avant nous peut offrir des leçons précieuses sur la manière de naviguer dans les défis et de rester résolu.

Surmonter les Obstacles
1. Résilience face à l'Adversité:
La persévérance permet de faire face aux obstacles, aux échecs, et aux revers inévitables sur le chemin de la réussite. Elle incite à apprendre des difficultés plutôt que d'abandonner devant elles.

2. Gérer les Défis:
La capacité à persévérer permet de gérer les défis de manière plus constructive, en cherchant des solutions, en trouvant des alternatives, et en restant concentré sur les objectifs finaux malgré les obstacles rencontrés.

Atteindre les Objectifs

3. Discipline et Consistance:
La persévérance nécessite une discipline personnelle et une consistance dans les efforts déployés pour progresser vers un objectif. Cela favorise la productivité et la

progression constante.

4. Détermination et Motivation:
La persévérance nourrit la détermination et la motivation nécessaires pour continuer à avancer, même lorsque la route devient difficile. C'est cette force intérieure qui maintient la flamme allumée dans les moments de doute et de découragement.

Accomplissement et Réalisation

5. Réalisation des Objectifs:
En fin de compte, la persévérance est souvent le trait qui transforme les rêves en réalité. C'est la volonté de continuer malgré les obstacles qui mène finalement à l'accomplissement des objectifs fixés.

6. Satisfaction et Fierté:
La persévérance apporte une satisfaction profonde et une fierté personnelle lorsque les objectifs sont atteints après un intense travail et un engagement soutenu. Cette satisfaction va souvent au-delà des simples résultats

matériels pour inclure un sentiment d'accomplissement personnel.

La persévérance est sans aucun doute l'une des clés les plus fondamentales de la réussite.

Elle joue un rôle essentiel dans la concrétisation des objectifs et des aspirations, dans la gestion des défis et des revers, ainsi que dans le développement personnel et professionnel.

En conclusion, la persévérance n'est pas seulement une vertu en elle-même ; elle est un vecteur fondamental à travers lequel les visions deviennent réalités. Elle implique de s'engager pleinement dans le processus, d'apprendre de chaque pas en arrière, et de rester fixé sur l'objectif, peu importe les obstacles.

Alors, quelle que soit la définition personnelle de la réussite, la persévérance sera toujours le cœur battant qui donne vie à ces ambitions.

Chapitre 5. Entourez-vous des Bons

S'entourer des bonnes personnes est une stratégie essentielle pour le succès et le bien-être personnel. Les personnes qui vous entourent peuvent avoir une influence profonde sur votre vie, vos choix et votre état d'esprit. Voici quelques raisons pour lesquelles il est important de s'entourer des bonnes personnes :

Influence Positive

1. Encouragement et Soutien:
Les bonnes personnes vous offriront un soutien inconditionnel dans vos moments difficiles, vous encourageant à poursuivre vos objectifs et à croire en vous-même. Leur soutien peut décupler votre motivation et votre confiance en vous.

2. Inspiration et Modèles:
Entourer vous de personnes positives et réussies peut vous inspirer à atteindre vos propres objectifs. Vous pouvez apprendre de leurs succès, de leurs erreurs et de leurs

expériences pour vous guider sur votre propre chemin vers le succès.

Énergie et Enthousiasme

3. Énergie Positive:
Les bonnes personnes apportent une énergie positive dans votre vie. Leur optimisme, leur enthousiasme et leur attitude constructive peuvent élever votre propre humeur et vous aider à affronter les défis avec une perspective positive.

4. Croissance Personnelle:
Les bonnes personnes vous encouragent à sortir de votre zone de confort, à défier vos limites et à vous pousser à vous améliorer. Elles peuvent vous aider à développer de nouvelles compétences, à acquérir des perspectives différentes et à élargir votre vision du monde.
Environnement Sain

5. Évitement de la Négativité:
S'entourer des bonnes personnes signifie

souvent éloigner les influences négatives de votre vie. Éviter les personnes toxiques, les critiques constantes et les énergies néfastes peut vous aider à maintenir une attitude mentale saine et positive.

6. Créer un Réseau Solide:
En construisant des relations significatives avec des personnes de qualité, vous pouvez créer un réseau solide qui peut soutenir vos aspirations, ouvrir des opportunités professionnelles et personnelles, et vous offrir des conseils précieux.

Bien-être Émotionnel

7. Partage de Joie et de Peine:
Les bonnes personnes seront là pour célébrer vos succès avec vous et vous soutenir dans les moments difficiles. Le partage d'expériences, de sentiments et de moments précieux peut renforcer vos relations et enrichir votre vie.

8. Renforcement des Relations:
Des relations saines et positives peuvent renforcer votre bien-être émotionnel, réduire le stress et favoriser un sentiment de connexion et d'appartenance. Cela peut également encourager un soutien mutuel et une camaraderie authentique.

En définitive, entourer vous des bonnes personnes peut donc stimuler votre croissance, enrichir votre vie émotionnelle, et renforcer votre chemin vers le succès. Il peut s'agir de mentors, d'amis proches, de membres de la famille ou de collègues qui partagent vos valeurs, vos aspirations et vous encouragent à devenir la meilleure version de vous-même.

Chapitre 6. La Gestion du Temps

La gestion du temps est un élément crucial pour mener une vie productive, équilibrée et accomplie. En gérant efficacement votre temps, vous pouvez optimiser votre efficacité, réduire le stress et atteindre vos objectifs de manière plus efficiente. Voici quelques stratégies pour améliorer votre gestion du temps :

1. Planification

- **Établir des Priorités** : Identifiez vos tâches les plus importantes et hiérarchisez-les en fonction de leur urgence et de leur importance.

- **Créer un Planning** : Utilisez un agenda, des listes de tâches ou des outils de planification pour organiser vos journées et vos semaines.

2. Fixation d'Objectifs

- **Objectifs SMART** : Définissez des

objectifs spécifiques, mesurables, atteignables, pertinents et temporellement définis pour vous guider dans l'utilisation de votre temps de manière plus stratégique.

- **Division des Tâches** : Divisez vos objectifs en tâches plus petites et plus gérables pour rendre le processus plus réalisable et moins intimidant.

3. Élimination des Distractions

-**Gestion des E-mails et des Notifications** : Limitez votre temps passé sur les e-mails et les réseaux sociaux en définissant des moments spécifiques pour les consulter.

-**Création d'un Environnement Propice** : Identifiez les sources de distractions dans votre environnement de travail et essayez de les éliminer ou de les minimiser.

4. Techniques de Gestion du Temps

- **Technique Pomodoro** : Travaillez par intervalles de temps courts suivis de courtes pauses pour maintenir la productivité et la concentration.

- **Matrice d'Eisenhower** : Classez vos tâches en fonction de leur urgence et de leur importance pour déterminer où concentrer votre temps et votre énergie.

5. Flexibilité et Adaptabilité

- **Réévaluation Régulière** : Passez en revue vos progrès, ajustez votre plan si nécessaire et soyez prêt à adapter votre emploi du temps en fonction des changements de circonstances.

- **Apprentissage de la Gestion des Erreurs** : Acceptez que des erreurs ou des retards puissent survenir, apprenez de ces expériences et utilisez-les pour vous améliorer à l'avenir.

6. Déléguer et Établir des Limites

- **Déléguer les Tâches** : Si possible, déléguez certaines tâches à d'autres pour vous concentrer sur les tâches les plus importantes et nécessitant votre expertise.

- **Établir des Limites** : Apprenez à dire non aux engagements qui ne contribuent pas à vos objectifs principaux et définissez des limites claires pour protéger votre temps et votre énergie.

En mettant en pratique ces stratégies et techniques de gestion du temps, vous pouvez optimiser votre emploi du temps, améliorer votre productivité et trouver un équilibre efficace entre votre vie professionnelle et personnelle. L'objectif est de transformer votre temps en une ressource précieuse et de l'utiliser de manière à vous rapprocher de vos objectifs et de votre épanouissement personnel.

Chapitre 7. Connaitre les banques

L'univers bancaire peut sembler complexe à première vue, avec son jargon technique et la variété des produits et services qu'il propose. Pourtant, comprendre les fondamentaux de ce secteur est essentiel pour gérer efficacement ses finances personnelles ou d'entreprise. Ce chapitre vise à démystifier les banques, leur fonctionnement et leur rôle dans l'économie.

1. Introduction aux Banques

Les banques sont des institutions financières qui offrent un éventail de services tels que le dépôt d'argent, le crédit, les transferts de fonds, et le conseil financier, entre autres. Elles jouent un rôle crucial dans l'économie en servant d'intermédiaires entre les épargnants, qui fournissent des capitaux, et les emprunteurs, qui nécessitent des fonds.

2. Fonctionnement d'une Banque

Le cœur de l'activité bancaire repose sur le principe de l'intermédiation financière. Les banques collectent des dépôts de la part des clients et les utilisent pour accorder des prêts à d'autres clients. La différence entre les intérêts qu'elles versent sur les dépôts et ceux qu'elles perçoivent sur les prêts constitue l'une de leurs principales sources de revenus, connue sous le nom de marge d'intérêt.

3. Les Services Bancaires

a. Services de Dépôt

Les comptes de dépôt permettent aux clients de conserver leur argent en toute sécurité. Ceci inclut les comptes courants, utilisés pour les transactions quotidiennes, et les comptes d'épargne, qui offrent un taux d'intérêt en échange de l'immobilisation des fonds.

b. Crédits et Prêts

Les banques proposent diverses formes de crédit, des prêts personnels aux crédits immobiliers, répondant ainsi aux besoins financiers variés de leurs clients. Les conditions de crédit, telles que le taux d'intérêt et la durée de remboursement, peuvent varier considérablement.

c. Services de Paiement

Les services de paiement, incluant les cartes de crédit et de débit, les virements bancaires, et les paiements en ligne, facilitent la circulation de l'argent dans l'économie et entre les particuliers.

4. La Régulation des Banques

La stabilité du système bancaire est cruciale pour l'économie. Ainsi, les banques sont soumises à une réglementation stricte visant à garantir leur solvabilité et à protéger les dépôts. Les autorités de régulation exigent des banques qu'elles maintiennent un niveau minimal de capitaux propres et qu'elles se conforment à des normes prudentielles.

5. Innovations Technologiques et Banques

L'avènement des technologies numériques a profondément transformé le secteur bancaire. Les services bancaires en ligne et mobiles offrent désormais une commodité et une accessibilité sans précédent, permettant aux utilisateurs de réaliser la plupart de leurs opérations financières à distance. Parallèlement, l'émergence des technologies financières (fintech) pousse les banques traditionnelles à innover pour rester compétitives.

**Cas concret **

Marc est un jeune professionnel qui vient de commencer à naviguer dans le monde des finances personnelles. Il a économisé un montant conséquent de son premier emploi et souhaite maintenant placer cet argent dans une banque, mais il se sent dépassé par le nombre d'options disponibles : comptes courants, comptes d'épargne, CDs (certificats de dépôt), comptes en ligne, etc. Il veut maximiser son rendement tout en ayant un accès facile à ses fonds en cas d'urgence.

**Données **

- Montant initial à placer : 10,000 €
- Objectif : Maximiser le rendement tout en conservant un accès aux fonds
- Préférences : Marc préfère avoir une partie de son argent facilement accessible et l'autre partie dans une option offrant un meilleur rendement à terme.

**Exercice **

1. **Recherche de Comptes ** Marc doit d'abord faire des recherches sur les différents types de comptes bancaires :

   A. **Compte Courant ** Utile pour les

transactions quotidiennes, avec un accès facile mais un faible ou nul intérêt.

B. **Compte d'Épargne ** Offre un taux d'intérêt plus élevé que les comptes courants, idéal pour stocker des fonds d'urgence ou économiser sur le court à moyen terme.

C. **Certificat de Dépôt (CD) ** Verrouille votre argent pendant une période fixe (par exemple, 1, 2, 5 ans) avec un taux d'intérêt généralement plus élevé, convenable pour des économies à long terme sans besoin immédiat d'accès.

D. **Comptes d'Épargne en Ligne : ** Souvent, ces comptes offrent des taux d'intérêt plus élevés que les banques traditionnelles et une accessibilité décente via des plateformes numériques.

2. **Analyse de Situation : ** Marc devrait analyser sa situation financière et sa tolérance au risque pour diviser son argent entre les comptes. Supposons qu'il veut

garder 3 000 € accessibles pour des urgences et placer le reste pour une croissance à terme.

3. **Plan d'Action : **

   A. Placez 3 000 € dans un **compte d'épargne** avec un bon taux d'intérêt et une accessibilité facile.

   B. Avec les 7 000 € restants, Marc pourrait envisager de les diviser entre un **CD** et un **compte d'épargne en ligne** pour maximiser le rendement tout en gardant une certaine flexibilité. Par exemple, 3 500 € dans un CD avec un terme de 2 ans, et 3 500 € dans un compte d'épargne en ligne offrant un taux d'intérêt compétitif.

4. **Calcul des Intérêts ** Marc devrait calculer les intérêts prévus pour chaque option en fonction des taux d'intérêt annuels. Ceci lui permettra de comparer les rendements potentiels.

5. **Réévaluation ** Ajustez la stratégie tous les 6 à 12 mois basés sur l'évolution des taux d'intérêt, les besoins personnels et les objectifs financiers.

**Conclusion de l'exercice : **

Cet exercice aidera Marc à comprendre l'importance de choisir le bon type de compte bancaire basé sur ses besoins financiers spécifiques et objectifs. En suivant ces étapes, il peut maximiser son rendement tout en conservant l'accès nécessaire à ses fonds pour les urgences ou les opportunités soudaines.

**Cas concret : **

Emma est une étudiante en master très occupée qui jongle entre ses études, un emploi à temps partiel, et ses passions comme le yoga et la peinture. Elle se sent souvent débordée et a du mal à gérer son temps efficacement, ce qui lui cause du stress et l'empêche de profiter de ses activités

de loisir.
**Données spécifiques : **
- Cours universitaires : 20 heures par semaine
- Travail à temps partiel : 15 heures par semaine
- Yoga : 3 heures par semaine
- Peinture : 4 heures par semaine
- Étude personnelle et devoirs : 15 heures par semaine

**Objectif : ** Emma veut optimiser son emploi du temps pour équilibrer ses études, son travail, ses loisirs, et se ménager des périodes de repos.

**Exercice : **

1. **Inventaire des activités : ** Dressez la liste de toutes les activités d'Emma et le temps qu'elle souhaite y consacrer par semaine.

2. **Priorisation : ** Emma doit prioriser ses activités. Les cours et le travail sont ses

priorités absolues, suivis par ses études personnelles/devoirs, le yoga, et enfin la peinture comme activité de détente.

3. **Budget Temps :** Calcul du temps total disponible par semaine (168 heures), puis soustraction des heures non-négociables (sommeil, hygiène, repas – estimons cela à 70 heures par semaine pour simplifier).

4. **Planification :**
   A. Allouez les heures au travail et aux études, car ce sont les plus rigides.
   B. Insérez ensuite le yoga et la peinture, en plaçant ces activités dans des créneaux où elles peuvent le plus apporter de détente et d'équilibre.
   C. Assurez-vous de réserver des blocs de temps pour l'étude personnelle.
   D. Allouez les heures restantes pour des activités de repos, sociales, et personnelles.

5. **Création d'un emploi du temps hebdomadaire :** En ayant alloué les heures de manière fonctionnelle, Emma peut

maintenant créer un emploi du temps visuel de sa semaine, en y incluant des blocs de temps pour chaque activité prioritaire.

6. **Révision et ajustement :** Après quelques semaines, Emma doit réviser son emploi du temps pour ajuster ce qui fonctionne ou non. Peut-être que certaines activités prennent plus de temps que prévu, ou elle se rend compte qu'elle a besoin de plus de temps de détente.

Conclusion de l'exercice :

Cet exercice aidera Emma à visualiser où et comment elle dépense son temps, permettant d'identifier des opportunités d'optimisation pour mieux équilibrer ses obligations et ses loisirs. Une gestion efficace du temps ne signifie pas de tout faire, mais de faire ce qui compte le plus de manière efficace et agréable.

Conclusion

Les banques restent des piliers indispensables de l'économie, facilitant les échanges financiers et soutenant le développement économique. Comprendre leur fonctionnement, leurs services et leur régulation est la clé pour naviguer efficacement dans le monde financier. Malgré les défis posés par les innovations technologiques et la concurrence croissante des fintechs, les banques continuent d'évoluer pour répondre aux besoins changeants de leurs clients.

Chapitre 8. Finances personnelles

La gestion des finances personnelles est un aspect crucial de la vie de chacun, car elle influence directement notre qualité de vie, notre sécurité financière et notre capacité à atteindre nos objectifs à long terme.

Pour bien gérer ses finances personnelles, il est essentiel d'établir une stratégie financière adaptée à vos objectifs, vos moyens et vos priorités. Voici quelques conseils pour améliorer la gestion de vos finances personnelles :

1. Établir un Budget

- **Suivi des Revenus et Dépenses** : Connaître vos revenus et dépenses mensuels vous permet de créer un budget réaliste et de gérer votre argent de manière efficace.

- **Définir des Catégories de Dépenses** : Allouez des fonds pour les dépenses essentielles (logement, alimentation, factures) ainsi que pour l'épargne, les loisirs et les dépenses discrétionnaires.

2. Épargner et Investir

- **Constituer un Fonds d'Urgence** : Épargnez suffisamment pour couvrir au moins trois à six mois de dépenses en cas d'imprévu.

- **Investir pour l'Avenir** : Explorez des options d'investissement telles que des comptes d'épargne, des fonds indiciels, des actions ou des REER pour faire fructifier votre argent à long terme.

3. Réduire les Dettes

- **Remboursement des Dettes Prioritaires** : Concentrez-vous sur le remboursement des dettes à intérêts élevés en premier pour réduire les coûts à long terme.

- **Consolidation des Dettes** : Explorez des options telles que la consolidation de dettes pour simplifier les paiements et réduire les intérêts.

3. Épargner et Investir

- **Constituer un Fonds d'Urgence** : Mettez de côté un montant d'argent équivalant à plusieurs mois de dépenses pour faire face aux situations imprévues.

- **Épargner Régulièrement** : Fixez un pourcentage de votre revenu à épargner chaque mois, et automatisez vos transferts vers votre compte d'épargne.

- **Explorer les Options d'Investissement** : Informez-vous sur les différentes options d'investissement disponibles et diversifiez votre portefeuille pour optimiser vos rendements.

4. Éducation Financière

Apprendre et Se Former : Améliorez vos connaissances financières en lisant des livres, en suivant des cours en ligne, ou en consultant des professionnels pour mieux comprendre les concepts financiers et prendre des décisions éclairées.

5. Suivi et Révision Réguliers

- **Suivre Régulièrement votre Budget** : Passez en revue votre budget chaque mois pour suivre vos progrès, ajuster si nécessaire, et rester sur la bonne voie.

- **Réviser vos Objectifs Financiers** : Réévaluez périodiquement vos objectifs financiers en fonction de vos besoins, de vos priorités et des changements dans votre situation financière.

En appliquant ces principes de gestion financière personnelle, vous pouvez établir des bases solides pour une santé financière à long terme. La clé réside dans la planification, la discipline, la régularité et la connaissance de vos finances, vous permettant ainsi de prendre le contrôle de votre avenir financier et de réaliser vos objectifs financiers.

**Cas concret : **

Julia, 29 ans, travaille en tant que graphiste freelance. Bien qu'elle gagne suffisamment pour couvrir ses dépenses mensuelles, elle trouve difficile d'épargner pour ses objectifs à long terme, comme acheter sa première maison et préparer sa retraite. Après avoir examiné ses finances, voici ce qu'elle découvre :

- Revenu mensuel (après impôts) : 3000 €
- Dépenses fixes mensuelles (loyer, assurances, abonnements): 1500 €
- Dépenses variables (nourriture, divertissements, imprévus) : 800 €

Elle réalise qu'elle peut potentiellement mettre de côté 700 € chaque mois, mais elle n'a pas encore mis en place un plan pour le faire de manière efficace.

Exercice financier :

1. **Bilan financier initial :** Julia doit commencer par créer un bilan financier clair. Cela implique de lister ses actifs (économies, investissements, biens) et ses passifs (dettes, prêts). Elle découvre qu'elle a 5000 € d'économies et pas de dette significative.

2. **Définir des objectifs financiers :** Julia décide de se fixer des objectifs clairs à court, moyen et long terme. À court terme (1 an), elle veut constituer un fonds d'urgence de 3000 €. À moyen terme (3 ans), elle envisage d'investir 5000 € dans un portefeuille diversifié. À long terme (10 ans), son objectif est d'acheter une maison.

3. **Créer un budget :** Pour atteindre ses objectifs, Julia doit établir un budget mensuel en allouant ses ressources de manière stratégique. Elle décide de réduire ses dépenses variables à 600 €, lui permettant d'épargner 900 € par mois.

4. **Plan d'épargne :** Avec 900 € disponibles pour l'épargne, voici comment elle peut répartir cet argent :
   - 500 € dans un compte d'épargne dédié au fonds d'urgence jusqu'à atteindre 3000 €.
   - 200 € dans un plan d'investissement à moyen terme.
   - 200 € dans un compte épargne-logement pour sa maison.

5. **Réévaluation et ajustement :** Tous les 6 mois, Julia devrait réévaluer ses finances. Cela implique d'ajuster son budget en fonction de l'évolution de ses revenus et dépenses, d'évaluer la progression de ses objectifs financiers, et de réajuster ses contributions d'épargne si nécessaire.

**Conclusion de l'exercice : **

Cet exercice met en avant l'importance d'un bilan financier, de la définition d'objectifs clairs, et de l'élaboration d'un budget et plan d'épargne adaptés. Il montre également la nécessité de rester flexible et d'ajuster son plan selon l'évolution de sa situation financière.

Chapitre 9. L'Apprentissage Continu

L'apprentissage continu est un processus dynamique et évolutif qui implique l'engagement constant dans l'acquisition de nouvelles connaissances, compétences et perspectives tout au long de la vie.

C'est une approche proactive visant à stimuler la croissance personnelle et professionnelle, à favoriser l'adaptabilité et la résilience, et à maintenir une curiosité intellectuelle constante. En s'engageant dans un processus d'apprentissage continu, les individus cultivent un état d'esprit ouvert, recherchent des occasions d'amélioration et élargissent leur champ de vision pour rester pertinents et compétitifs dans un monde en constante évolution.

Cet engagement envers l'apprentissage continu non seulement favorise le développement individuel, mais aussi contribue à enrichir les interactions sociales, à renforcer les capacités d'innovation et à promouvoir une culture de croissance et d'excellence.

Que ce soit sur le plan professionnel ou personnel, l'engagement dans un processus d'apprentissage continu apporte de nombreux avantages. Voici quelques raisons pour lesquelles l'apprentissage continu est important :

1. Développement Personnel

- **Acquisition de Nouvelles Compétences** : L'apprentissage continu vous permet d'acquérir de nouvelles compétences, d'explorer de nouveaux domaines et d'élargir vos horizons.

- **Croissance Personnelle** : En vous engageant dans un processus d'apprentissage constant, vous favorisez votre croissance personnelle, votre confiance en vous et votre estime de soi.

2. Avantages Professionnels

- **Maintien de la Pertinence** : Dans un

environnement professionnel en évolution rapide, l'apprentissage continu est essentiel pour rester pertinent, compétitif et adaptable.

- **Opportunités de Carrière** : En améliorant vos compétences et vos connaissances, vous augmentez vos chances d'évoluer dans votre carrière et d'accéder à de nouvelles opportunités professionnelles.

3. Adaptabilité

- **Flexibilité** : L'apprentissage continu renforce votre capacité à vous adapter aux changements, à relever de nouveaux défis et à vous ajuster aux évolutions du monde professionnel et personnel.

- **Résilience** : En cultivant un état d'esprit axé sur l'apprentissage, vous développez une attitude de résilience face aux obstacles, aux échecs et aux changements imprévus.

4. Stimulation Mentale

- **Maintien de la Curiosité** : L'apprentissage continu nourrit votre curiosité intellectuelle, stimule votre esprit et vous encourage à explorer de nouveaux sujets et concepts.

- **Prévention de la Dégénérescence Mentale** : L'engagement dans des activités d'apprentissage stimulantes peut contribuer à maintenir la santé mentale, à prévenir la dégénérescence cognitive et à favoriser une cognition saine à long terme.

5. Contribution Sociale

- **Partage des Connaissances** : En apprenant de manière continue, vous enrichissez vos connaissances et votre expérience, ce qui peut vous permettre de contribuer à la société en partageant vos compétences avec les autres.

- **Création de Réseaux** : L'apprentissage

continu peut vous permettre de rencontrer de nouvelles personnes, d'élargir vos réseaux professionnels et sociaux, et de bénéficier de perspectives diverses.

**Cas concret : **

Sophie est une professionnelle du marketing digital avec cinq années d'expérience. Elle se rend compte que le secteur du marketing digital évolue rapidement et que de nouvelles compétences, comme l'analyse de données et l'intelligence artificielle (IA) dans le marketing, deviennent de plus en plus importantes. Sophie souhaite rester compétitive sur le marché du travail en maîtrisant ces nouvelles compétences, mais elle est incertaine de la manière d'intégrer cet apprentissage continu dans son emploi du temps déjà chargé.

**Données spécifiques : **
- Sophie travaille 40 heures par semaine.
- Elle consacre 10 heures par semaine à ses loisirs et obligations personnelles.

- Sophie est motivée à consacrer 5 heures par semaine à son apprentissage.

**Objectif : ** Sophie veut efficacement intégrer un programme d'apprentissage continu dans sa routine pour acquérir des compétences en analyse de données et en IA appliquée au marketing digital.

**Exercice : **

1. **Identification des compétences cibles : ** Dressez une liste des compétences spécifiques que Sophie souhaite apprendre ou améliorer. Par exemple, analyse de données avec Excel, Google Analytics, bases de l'intelligence artificielle dans le marketing.

2. **Recherche de ressources : ** Recherchez des cours en ligne, des webinaires, des podcasts et des livres qui peuvent aider Sophie à acquérir ces compétences. Priorisez les ressources gratuites ou à faible coût disponibles sur des

plateformes comme Coursera, EdX, LinkedIn Learning, etc.

3. **Planification de l'apprentissage :**
   A. Réalisez un plan d'apprentissage hebdomadaire, en allouant 5 heures de manière stratégique. Par exemple, une heure chaque jour ouvrable ou des sessions plus longues pendant le week-end.
   B. Définissez des objectifs clairs et réalisables pour chaque semaine et chaque mois, en gardant à l'esprit que le progrès par petites étapes est plus gérable et moins intimidant.

4. **Intégration dans la routine quotidienne :** Sophie pourrait envisager des moments de la journée où elle est la plus réceptive à l'apprentissage. Par exemple, lire des articles pertinents pendant le petit déjeuner ou écouter des podcasts pendant sa routine de jogging ou en conduisant au travail.

5. **Communauté d'apprentissage :** Rejoignez des groupes en ligne ou des

forums liés au marketing digital et à l'analyse de données pour poser des questions, partager des découvertes et rester motivé grâce à un sentiment d'appartenance à une communauté.

6. **Mise en pratique :** Pour renforcer son apprentissage, Sophie devrait chercher des opportunités, au travail ou sur des projets personnels, pour pratiquer les compétences acquises. L'apprentissage par l'action est l'un des moyens les plus efficaces de consolider de nouvelles connaissances.

7. **Évaluation et ajustement :** Tous les mois, elle doit évaluer ses progrès en se posant des questions telles que : "Qu'ai-je appris ?" "Comment puis-je appliquer ces compétences dans mon travail ?" Si certains domaines nécessitent plus d'attention, ajustez le plan en conséquence.

Conclusion de l'exercice :

Cet exercice aidera Sophie à structurer son

parcours d'apprentissage continu de manière réaliste et efficace, en se permettant de rester à jour avec les dernières tendances de son secteur tout en équilibrant ses autres responsabilités. L'apprentissage continu est clé pour la progression professionnelle et personnelle, et en suivant ces étapes, Sophie peut s'assurer qu'elle reste une professionnelle compétitive et éclairée dans son domaine.

En résumé, l'apprentissage continu est un catalyseur pour une croissance personnelle et professionnelle continue. Il favorise l'adaptabilité, la curiosité, la stimulation mentale et contribue à maintenir une attitude proactive et positive face aux changements et aux défis de la vie. En s'engageant dans un processus d'apprentissage constant, on investit dans son propre potentiel, sa résilience et son bien-être à long terme.

Chapitre 10. L'important n'est pas combien vous gagnez mais comment le gagner

L'essentiel réside dans la manière dont vous acquérez vos revenus plutôt que dans le montant exact perçu. Il est crucial de considérer la façon dont vous générez vos revenus, notamment en termes d'efficacité, d'éthique, de durabilité et d'impact global, au-delà de la simple quantité d'argent que vous gagnez. La manière dont vous choisissez de gagner votre argent peut influencer divers aspects de votre vie, tels que votre satisfaction personnelle, votre conscience professionnelle, votre contribution à la société et l'équilibre entre votre vie professionnelle et personnelle. En fin de compte, la valeur de vos revenus ne réside pas seulement dans le montant, mais également dans les valeurs, les principes et les efforts que vous choisissez de mettre en œuvre pour les obtenir. Le processus par lequel vous générez vos revenus peut refléter votre caractère, vos motivations et vos objectifs, et peut jouer un rôle significatif dans votre bien-être général et votre épanouissement personnel.

Cette affirmation met en lumière l'importance de la manière dont vous gérez vos finances plutôt que du montant exact que vous gagnez. La gestion efficace de votre argent, quels que soient vos revenus, est essentielle pour assurer votre stabilité financière, atteindre vos objectifs et garantir une sécurité à long terme. Voici quelques points clés qui soulignent l'importance de la gestion financière par rapport au simple montant des revenus :

1. Épargner et Investir judicieusement

- **Épargner pour l'Avenir** : Peu importe le montant de vos revenus, l'acte d'épargner régulièrement peut contribuer à constituer une réserve financière pour les urgences et les objectifs à long terme.

- **Investir Prudemment** : Apprendre à investir judicieusement peut vous aider à faire fructifier vos économies et à assurer un avenir financier plus stable, peu importe le montant de départ.

2. Établir des Objectifs Financiers

- **Définir des Objectifs Clairs** : Avoir des objectifs financiers bien définis et élaborer un plan pour les atteindre est crucial, indépendamment de votre niveau de revenu.

- **Gérer les Dépenses** : Contrôler vos dépenses, établir un budget et éliminer les dettes inutiles sont des pratiques essentielles pour une gestion financière saine, quel que soit votre revenu.

3. Acquisition de Connaissances Financières

Éducation Financière : Apprendre à gérer efficacement vos finances, à investir et à maximiser vos revenus est une compétence précieuse qui peut vous aider à prospérer indépendamment du montant gagné.

4. Attitude envers l'Argent

Comportement Financier Responsable : Cultiver une attitude responsable envers l'argent, basée sur la réflexion, la prise de décisions éclairées et la planification, est essentiel pour garantir une situation financière stable.

En résumé, la gestion prudente de vos finances, la planification à long terme, l'épargne régulière, l'investissement avisé et l'éducation financière sont des éléments clés pour garantir une stabilité financière et maintenir une santé financière indépendamment du montant que vous gagnez. Se concentrer sur la manière dont vous gérez votre argent peut avoir un impact significatif sur votre sécurité financière et votre bien-être à long terme.

Pour mieux réussir, il est essentiel de gérer efficacement vos finances. Une gestion financière saine peut vous aider à atteindre vos objectifs, à réduire le stress lié à l'argent et à assurer une stabilité financière à long terme. Voici quelques conseils pour bien gérer votre argent et améliorer vos chances de réussite :

1. Établir un Budget

- **Suivi des Revenus et Dépenses** : Connaître vos rentrées d'argent et vos dépenses vous permet de créer un budget réaliste.

- **Établir des Priorités** : Allouer vos fonds en fonction de ce qui est essentiel (logement, nourriture) et de vos objectifs financiers à long terme.

2. Épargner et Investir

- **Constituer un Fonds d'Urgence** :

Mettre de côté de l'argent pour faire face aux imprévus.

- **Investir pour l'Avenir** : Explorer des options d'investissement pour faire fructifier vos économies et atteindre vos objectifs financiers à long terme.

3. Réduire les Dettes

- **Rembourser les Dettes Prioritaires** : Concentrez-vous sur le

remboursement des dettes à taux d'intérêt élevés.

- **Gérer les Dettes* : Trouver des moyens de consolider ou de négocier vos dettes pour réduire les paiements mensuels.

4. Planifier et Établir des Objectifs

- **Définir des Objectifs Financiers** : Avoir des objectifs clairs vous motive à gérer votre argent de manière proactive.

- **Réviser Régulièrement** : Passez en revue votre situation financière périodiquement pour vous assurer que vous progressez vers vos objectifs.

5. Éducation Financière

Apprendre et Se Former : Améliorer vos connaissances financières en lisant des livres, en suivant des cours en ligne, ou en consultant des professionnels.

En gérant votre argent de manière responsable et proactive, vous serez en mesure de prendre le contrôle de votre avenir financier, de maximiser vos opportunités de réussite et de créer une base solide pour une stabilité financière à long terme.

Chapitre 11. Avoir envie de réussir

L'envie de réussir est une motivation puissante qui peut vous pousser à poursuivre vos objectifs, à repousser vos limites et à réaliser vos rêves. C'est un moteur intérieur qui vous incite à faire preuve de détermination, de persévérance et de courage pour atteindre le succès. Voici quelques points clés sur l'envie de réussir :

1. Détermination et Focus

- **Objectifs Clairs** : Avoir des objectifs bien définis vous donne une direction à suivre et une motivation pour persévérer.

- **Résilience** : L'envie de réussir vous aide à surmonter les obstacles, à apprendre des échecs et à rebondir plus fort.

2. Passion et Engagement

- **Passion et Intérêt** : Lorsque vous êtes passionné par ce que vous faites, l'envie de réussir devient naturelle.

- **Engagement** : L'engagement envers vos objectifs renforce votre détermination à surmonter les défis et à rester concentré sur votre succès.

3. Apprendre et Évoluer

- **Curiosité et Amélioration Continue** : L'envie de réussir vous pousse à apprendre, à vous développer et à vous améliorer constamment.

- **Sortir de sa Zone de Confort** : Pour réussir, il est souvent nécessaire de sortir de sa zone de confort et d'accepter les défis.

4. Visualisation et Positivité

- **Visualisation du Succès** : Visualiser votre réussite peut renforcer votre motivation et vous donner l'élan pour persévérer.

- **Pensée Positive** : Adopter une attitude positive et optimiste peut vous aider à surmonter les moments de doute et à rester concentré sur vos objectifs.

5. Persévérance et Discipline

- **Persévérance** : L'envie de réussir vous donne la force de persévérer malgré les défis et les revers.

- **Discipline** : La discipline est essentielle pour rester concentré sur vos objectifs, même lorsque la motivation diminue.

En cultivant et en nourrissant votre envie de réussir, vous renforcez vos chances de concrétiser vos aspirations et d'accomplir vos objectifs. C'est cet élan intérieur qui vous pousse à vous surpasser, à croire en vos capacités et à poursuivre avec détermination le chemin vers le succès.

Absolument, l'envie de réussir est en effet l'une des clés essentielles pour atteindre le succès. Cette force intérieure, cette motivation profonde et cet désir ardent d'accomplir ses objectifs jouent un rôle crucial dans la réalisation de grandes choses. Voici comment l'envie de réussir peut être une des clés de la réussite :

1. Motivation et Détermination

- **Motivation Intrinsèque** : L'envie de réussir vient de l'intérieur, elle est un moteur puissant qui vous pousse à agir et à persévérer.

- **Détermination** : Cette envie ardente vous donne la force mentale et émotionnelle nécessaire pour surmonter les obstacles et rester concentré sur vos objectifs.

2. Vision et Clarté des Objectifs

- **Vision Claire** : L'envie de réussir vous aide à visualiser votre succès et à rester concentré sur votre vision à long terme.

- **Objectifs Définis** : Elle vous pousse à établir des objectifs clairs et réalisables, ce qui vous permet de progresser de manière significative.

3. Persévérance et Résilience

- **Persévérance** : Lorsque vous avez une forte envie de réussir, vous êtes plus enclin à persévérer malgré les obstacles et les revers.

- **Résilience** : Cette envie vous aide à rebondir après des échecs, à tirer des leçons de vos expériences et à avancer avec détermination.

4. Énergie et Engagement

- **Énergie Positive** : L'envie de réussir alimente votre énergie et vous donne la force nécessaire pour vous investir pleinement dans vos projets.

- **Engagement Total** : Vous êtes plus susceptible de vous engager pleinement dans ce que vous faites lorsque vous avez une forte envie de réussir, ce qui favorise la réussite et l'excellence.

5. Croissance Personnelle
- **Chercher l'Amélioration** : Cette envie de réussir vous pousse à continuellement chercher à vous améliorer, à apprendre de nouvelles compétences et à élargir vos horizons.

- **Dépassement de Soi** : Elle vous encourage à sortir de votre zone de confort, à relever des défis et à viser des objectifs ambitieux, ce qui contribue à votre croissance personnelle et professionnelle.

Cas concret : L'envie de réussir de Léa dans le secteur de la mode

Léa est une jeune créatrice de mode récemment diplômée d'une école de design prestigieuse. Passionnée par la mode durable, elle rêve depuis toujours de lancer sa propre marque qui mettrait en avant des pratiques éthiques et écologiques dans le secteur. Cependant, malgré son talent et sa motivation, Léa se sent parfois découragée face aux nombreux défis du monde entrepreneurial.

**Situation et objectifs : **
- Lancer une marque de mode durable avec une collection initiale de 10 pièces.
- Trouver un financement pour la production et le marketing de sa collection.
- Créer une présence en ligne et atteindre 1000 followers sur les réseaux sociaux dans les 3 premiers mois.

**Défis : **
- Manque de ressources financières pour la production à grande échelle.
- Compétitivité élevée du marché de la mode.
- Besoin de développer des compétences en marketing digital.

**Stratégie pour surmonter les défis et réaliser son rêve : **

1. **Networking et Mentorat :** Léa décide de participer activement à des événements de la mode et du développement durable pour élargir son réseau. Elle cherche également un mentor ayant de l'expérience dans le lancement de marques de mode durables.

2. **Crowdfunding :** Pour pallier son manque de fonds, Léa lance une campagne de financement participatif, mettant en avant l'histoire unique de sa marque et sa mission de promouvoir la mode durable.

3. **Présence en ligne :** Elle investit du temps dans la création d'une forte présence en ligne, en commençant par les réseaux sociaux où elle partage son processus de création, l'histoire derrière chaque pièce, et l'importance de la mode durable.

4. **Collaborations :** Léa s'associe avec d'autres créateurs émergents et des influenceurs dans la niche de la mode durable pour accroître sa visibilité.

5. **Apprentissage Continu :** Consciente de ses lacunes en marketing digital, elle s'inscrit à des cours en ligne pour acquérir les compétences nécessaires afin de promouvoir efficacement sa marque.

Résultat visé : En adoptant une approche stratégique et en restant fidèle à ses valeurs, Léa espère non seulement lancer sa première collection avec succès mais également poser les bases d'une marque de mode respectueuse de l'environnement et reconnue pour son engagement envers la durabilité.

Ce cas souligne l'importance de l'envie de réussir, non seulement en ayant une vision claire mais aussi en étant prêt à surmonter les défis grâce à la persévérance, l'innovation et l'apprentissage continu.

Grosso modo, l'envie de réussir est un moteur puissant qui peut vous propulser vers le succès en vous fournissant la motivation et la détermination nécessaires pour atteindre vos objectifs. En nourrissant cette envie, en restant concentré sur votre vision et en travaillant avec persévérance, vous maximisez vos chances de réussir dans vos entreprises et d'accomplir de grandes réalisations.

Chapitre 12. Les clés de la réussite

La question de comment réussir est universelle et suscite diverses réflexions. Le concept de réussite peut varier d'une personne à l'autre en fonction de ses objectifs, ses valeurs et ses aspirations personnelles. Cependant, certaines stratégies et principes généraux peuvent être appliqués pour augmenter les chances de réussir dans divers domaines de la vie.

Les Clés de la Réussite" pourrait aborder de nombreux sujets, étant un thème large et pertinent à plusieurs domaines de la vie comme les études, la carrière professionnelle, les projets personnels et les relations.

Introduction

L'introduction met en lumière l'importance de la réussite dans divers aspects de la vie, soulignant que la réussite ne se limite pas seulement aux accomplissements professionnels ou académiques, mais s'étend également aux réalisations personnelles et aux relations enrichissantes. Elle pose une question fondamentale : Qu'est-ce qui définit la réussite pour chacun d'entre nous ?

Voici quelques points clés à considérer pour réussir :

1. Définir Votre Définition de la Réussite

- **Clarifier Vos Objectifs** : Identifiez ce qui constitue le succès pour vous, que ce soit sur le plan professionnel, personnel, financier, ou émotionnel.

- **Établir des Objectifs Clair** : Définissez des objectifs concrets, mesurables et réalisables pour guider vos actions et vos décisions.

2. Développer des Compétences et des Connaissances

- **Éducation Continue** : Poursuivez l'apprentissage tout au long de votre vie pour acquérir de nouvelles compétences et rester pertinent dans un monde en évolution rapide.

- **Développer Vos Forces** : Identifiez vos points forts et travaillez à les développer davantage pour maximiser votre potentiel.

3. Établir des Relations Positives

- **Réseauter** : Cultivez des relations professionnelles et personnelles solides pour bénéficier du soutien, des conseils et des opportunités qu'elles offrent.

- **Entourer-vous de Personnes Inspirantes** : Fréquentez des personnes qui vous motivent, vous encouragent et vous poussent à vous dépasser.

4. Faire Preuve de Persévérance et de Résilience

- **Passer à l'Action** : Mettez en œuvre des plans d'action concrets pour progresser vers vos objectifs, même en cas d'obstacles.

- **Apprendre de l'Adversité** : Faites face aux échecs et aux défis comme des opportunités d'apprentissage et de croissance personnelle.

5. Maintenir l'Équilibre et le Bien-Être

- **Équilibre de Vie** : Assurez-vous de maintenir un équilibre sain entre vos différentes sphères de vie : travail, famille, loisirs, santé.

- **Préserver Votre Bien-Être** : Prenez soin de votre santé physique, mentale et émotionnelle pour être au meilleur de vos capacités.

En fin de compte, réussir est un processus personnel et unique qui implique la définition de vos objectifs, l'acquisition de compétences, la persévérance face aux défis et la cultivation de relations positives. En suivant ces principes généraux et en restant fidèle à vous-même, vous donnez les meilleures chances de réussir dans ce que vous entreprenez.

Pour réussir, il est important d'adopter des stratégies et des habitudes qui favorisent la progression vers vos objectifs. Voici quelques recommandations pour augmenter vos chances de réussite :

1. Fixer des Objectifs Clairs et Réalistes

- Identifiez vos objectifs spécifiques et déterminez les étapes nécessaires pour les atteindre.

- Assurez-vous que vos objectifs sont mesurables, réalisables et pertinents pour vous motiver.

2. Planifier et Organiser

- Établissez un plan d'action détaillé avec des échéances et des étapes intermédiaires pour suivre votre progression.

- Priorisez vos tâches et gérez votre temps de manière efficace pour maximiser votre productivité.

3. Développer des Compétences et des Connaissances

- Investissez dans votre développement personnel et professionnel en acquérant de nouvelles compétences et en enrichissant vos connaissances.

- Soyez ouvert à l'apprentissage continu et à l'amélioration de soi pour rester compétent et adaptable.

4. Faire Preuve de Persévérance et de Résilience

- Acceptez les revers et les échecs comme des occasions d'apprentissage et de croissance plutôt que des obstacles insurmontables.

- Restez persévérant, patient et déterminé même face aux défis et aux moments difficiles.

5. Établir des Relations Positives

- Entourez-vous de personnes qui vous soutiennent, vous inspirent et vous encouragent à atteindre vos objectifs.

- Cultivez des relations professionnelles et personnelles solides qui contribuent à votre succès et à votre épanouissement.

6. Prendre Soin de Soi

- Accordez de l'importance à votre bien-être

physique, mental et émotionnel en adoptant des habitudes de vie saines.

- Maintenez un équilibre entre travail et vie personnelle, et veillez à prendre du temps pour vous ressourcer et vous détendre.

En suivant ces conseils et en mettant en pratique ces recommandations, vous augmentez vos chances de réussir dans vos entreprises et d'atteindre vos objectifs. La réussite est souvent le fruit d'une combinaison de détermination, de planification, de persévérance et de développement personnel, accompagnée d'une approche positive et proactive face aux défis.

Cas concret : Les Clés de la Réussite pour Thomas, Entrepreneur en Herbe

Thomas, un jeune entrepreneur passionné par la technologie, souhaite lancer sa propre startup dans le domaine de l'intelligence artificielle. Convaincu que la persévérance, la créativité et le réseautage sont des clés essentielles pour réussir dans son entreprise, Thomas se fixe des objectifs ambitieux pour concrétiser son rêve de startup prospère.

Objectifs et Clés de la Réussite pour Thomas :

1. **Vision Stratégique :** Thomas élabore un plan stratégique détaillé pour sa startup, définissant clairement sa proposition de valeur, son public cible, ses objectifs à court et long terme, ainsi que sa stratégie de croissance.

2. **Créativité et Innovation :** Il cultive sa créativité en collaborant avec des experts en IA, en suivant les dernières tendances technologiques, et en explorant des solutions novatrices pour résoudre les problèmes de l'industrie.

3. **Persévérance et Discipline :** Conscient des défis qui l'attendent, Thomas

adopte une mentalité axée sur la persévérance et la discipline. Il reste déterminé à surmonter les obstacles et à apprendre des échecs pour avancer vers le succès.

4. **Réseautage et Collaboration : ** Thomas rejoint des incubateurs de startups, des événements technologiques et des groupes de discussion pour élargir son réseau professionnel, trouver des mentors et des partenaires potentiels, et bénéficier de conseils avisés pour guider sa croissance.

**Stratégies Mises en Place : **

1. **Développement Produit : ** Thomas travaille sur un prototype d'IA innovant, en recueillant des retours d'utilisateurs et en itérant rapidement pour améliorer son produit en fonction des besoins du marché.

2. **Marketing et Communication : ** Il élabore une stratégie de marketing digitale ciblée pour promouvoir sa startup, utilisant

les médias sociaux, le content marketing et le référencement pour accroître sa visibilité et générer des leads qualifiés.

3. **Levée de Fonds :** Pour assurer la croissance de sa startup, Thomas explore des opportunités de financement en participant à des concours de startups, en pitchant à des investisseurs et en recherchant des subventions gouvernementales pour soutenir sa vision.

4. **Suivi et Adaptabilité :** Thomas surveille de près les performances de sa startup, en analysant les métriques clés, en écoutant les retours des clients et en étant prêt à ajuster sa stratégie en fonction des évolutions du marché.

Résultat Attendu : En mettant en pratique ces clés de la réussite et en travaillant avec détermination, Thomas vise à faire de sa startup un acteur majeur de l'industrie de l'IA, à créer un impact positif grâce à des solutions technologiques innovantes, et à devenir un leader inspirant pour les entrepreneurs en devenir.

Ce cas concret met en lumière l'importance des clés de la réussite telles que la vision stratégique, la créativité, la persévérance, le réseautage et l'adaptabilité, qui peuvent guider un entrepreneur vers le succès dans la réalisation de ses objectifs professionnels et personnels.

Chapitre 13. Oser se lancer et relever les défis

Oser se lancer est une étape cruciale pour atteindre vos objectifs et réaliser vos aspirations. C'est le premier pas vers la concrétisation de vos rêves et le début d'un voyage vers la réussite.

Oser se lancer est souvent le point de départ essentiel pour réussir. En effet, comme le dit l'adage "qui ne tente rien n'a rien", il est important de surmonter ses peurs, et de prendre des risques calculés pour atteindre ses objectifs.

Oser se lancer et relever le défi sont des actions courageuses qui peuvent ouvrir la voie à de nouvelles opportunités, à la croissance personnelle et à la réussite.

En affrontant l'inconnu, en sortant de sa zone de confort et en faisant face aux défis avec détermination, vous démontrez une force intérieure et une audace qui peuvent mener à des réalisations remarquables.

Voici quelques points à garder à l'esprit pour vous encourager à oser vous lancer vers la réussite :

1. Identifiez Vos Craintes

- **Identifiez Vos Peurs** : Prenez le temps de réfléchir aux peurs ou aux doutes qui vous retiennent de vous lancer.

- **Comprenez Vos Raisons** : Analysez pourquoi vous ressentez cette peur et quelles sont les obstacles qui vous empêchent d'agir.

- **Surmonter l'Appréhension** : Se lancer implique souvent de faire face à des peurs et des doutes qui peuvent vous retenir.

- **Accepter l'Incertitude** : Reconnaître et accepter l'incertitude fait partie du processus de relever un défi.

2. Visualisez Votre Succès

- **Visualisez Votre Objectif** : Imaginez-vous atteindre votre objectif et ressentez les émotions positives associées à cette réussite.

- **Focalisez sur les Bénéfices** : Concentrez-vous sur les avantages et les opportunités que vous pourriez saisir en vous lançant.

3. Prenez des Petites Actions

- **Commencez Petit** : Décomposez votre objectif en étapes plus petites et plus réalisables.

- **Faites un Premier Pas** : Identifiez une action simple que vous pouvez faire dès maintenant pour vous rapprocher de votre objectif.

4. Cultivez une Mentalité Positive
- **Adoptez une Attitude Positive** :

Remplacez les pensées négatives par des pensées constructives et encourageantes.

- **Croyez en Vous** : Ayez confiance en vos capacités et en votre potentiel pour réussir.

- **Croire en ses Capacités** : Avoir confiance en vous-même est essentiel pour oser vous lancer dans l'inconnu.

- **Reconnaître ses Forces** : Identifier vos points forts et vos ressources peut renforcer votre confiance pour relever les défis.

5. Sortez de Votre Zone de Confort
- **Acceptez le Risque** : Acceptez qu'il y ait une part d'incertitude et de risque associée à tout début de projet.

- **Défiez Vos Limites** : Le progrès et la croissance personnelle se trouvent au-delà de votre zone de confort.

6. Acceptez l'Échec Comme une Partie du Chemin

- **Apprenez de l'Échec** : Considérez l'échec comme une étape d'apprentissage nécessaire vers le succès.

- **Rebondissez** : Sachez rebondir après un échec et utilisez cette expérience pour progresser.

7. Accepter le Risque

- **Prendre des Risques Calculés** : Oser se lancer implique de prendre des risques mesurés et de sortir de sa zone de confort.

- **Apprendre de l'Expérience** : Les défis peuvent être des occasions d'apprentissage et de croissance personnelle, même en cas d'échec.

8. La Possibilité de Réaliser Vos Rêves

- En surmontant vos peurs et en prenant des risques, vous rapprochez de la concrétisation de vos rêves et aspirations les plus profonds.

- Se lancer peut vous conduire sur le chemin de la réussite, vous aidant à transformer vos objectifs en réalité et à faire des progrès significatifs dans votre vie.

9. L'Épanouissement Personnel

- Oser se lancer et relever des défis stimulants peut entraîner un sentiment d'accomplissement et de fierté personnelle.

- En vous permettant d'explorer de nouveaux horizons, de développer votre confiance en vous et de repousser vos limites, vous favorisez votre épanouissement personne

En osant vous lancer, en surmontant vos peurs et en prenant des actions positives, vous créerez une dynamique positive vers la réalisation de vos objectifs. Se lancer exige du courage, de la détermination et de la confiance en vous-même, mais cette audace peut ouvrir la voie à des opportunités et à des réussites que vous n'auriez jamais imaginées autrement.

Cas concret : Oser Se Lancer et Relever les Défis pour Sofia, Aspirante Entrepreneure

Sofia travaille depuis plusieurs années dans le secteur du marketing numérique, mais elle ressent un appel profond à lancer sa propre agence de marketing pour accompagner les petites entreprises locales dans leur stratégie digitale. Bien qu'elle ait l'expérience et les compétences nécessaires, la peur de l'échec et les défis financiers l'empêchent de franchir le pas. Cependant, elle décide finalement de passer à l'action pour concrétiser son rêve entrepreneurial.

**Objectifs et Défis de Sofia : **

1. **Objectif - Lancer son agence de

marketing : ** Créer une agence spécialisée dans le marketing digital pour les petites entreprises avec un service client personnalisé et des solutions innovantes.

2. **Défis : **
   - Surmonter la peur de l'échec et le doute de soi.
   - Gérer les risques financiers liés au lancement de sa propre entreprise.
   - Acquérir de nouveaux clients et établir sa crédibilité sur le marché.
**Stratégies Mises en Place : **

1. **Étude de Marché et Business Plan : ** Sofia effectue une analyse approfondie du marché local, identifie sa clientèle cible et crée un plan d'affaires détaillé pour guider le développement de son agence.

2. **Validation de l'idée : ** Avant de se lancer complètement, Sofia effectue des tests pilotes et recueille les retours de clients potentiels pour valider son concept et ajuster son offre en conséquence.

3. **Renforcement de Compétences :** Pour se sentir plus confiante dans son rôle de dirigeante, Sofia suit des formations en gestion d'entreprise, en leadership et en marketing stratégique pour acquérir les compétences nécessaires à la réussite de son entreprise.

4. **Réseautage et Mentorat :** Sofia rejoint des réseaux d'entrepreneurs locaux, participe à des événements de networking et recherche activement un mentor expérimenté pour bénéficier de conseils pratiques et d'un soutien émotionnel.

Exercice - Sortir de sa Zone de Confort :

1. **Liste des Peurs et Obstacles :** Sofia identifie spécifiquement les peurs et les obstacles qui l'empêchent de se lancer, puis classe ceux-ci par ordre de priorité de façon à les aborder un par un.

2. **Définition d'Objectifs Réalisables :** Elle fixe des objectifs SMART (Spécifiques, Mesurables, Atteignables, Réalistes, Temporellement définis) pour chaque étape de son processus de lancement d'entreprise, en commençant par des objectifs plus simples puis en progressant vers des objectifs plus ambitieux.

3. **Plan d'Action Graduel :** Sofia crée un plan d'action progressif, divisant ses tâches en étapes réalisables et planifiant des actions concrètes pour surmonter ses peurs et relever les défis qui se présentent.

4. **Mise en Pratique :** Elle commence à sortir de sa zone de confort en réalisant des actions courageuses et en relevant des petits défis chaque jour, s'habituant ainsi progressivement à la prise de risques et à la gestion de l'incertitude.

5. **Auto-évaluation et ajustement :** Sofia passe régulièrement en revue ses progrès, réfléchit sur les leçons apprises, célèbre ses réussites et ajuste son plan d'action en fonction de ses nouvelles découvertes et de ses expériences.

À travers cet exercice, Sofia apprend à faire face à ses peurs, à prendre des risques calculés et à relever les défis qui se dressent sur son chemin pour concrétiser son rêve d'entrepreneuriat. En osant se lancer progressivement et en affrontant les obstacles avec détermination, Sofia renforce sa confiance en elle et sa capacité à surmonter les défis de manière stratégique et persévérante.

Chapitre 14. Créer des revenus avec un petit capital

Créer des revenus avec un petit capital est un défi que beaucoup de personnes aspirent à relever, que ce soit pour complémenter leur revenu principal, pour construire un patrimoine ou simplement pour tester leur flair entrepreneurial.

Investir avec un petit capital peut sembler délicat, mais c'est effectivement une excellente manière d'entrer dans le monde de l'investissement et de commencer ànconstruire vos actifs. Voici quelques conseils pratiques d'experts pour vous aider à maximiser votre petit capital d'investissement

Introduction

L'introduction de ce chapitre pourrait énoncer l'importance de la créativité et de la détermination dans le processus de génération de revenus à partir d'un petit capital. Elle pourrait aussi souligner l'ère numérique dans laquelle nous vivons, qui offre des opportunités sans précédent pour ceux qui sont prêts à apprendre et à s'adapter.

Comprendre le potentiel de son capital

Initialement, il est crucial de réaliser une évaluation honnête du capital disponible, en temps et en argent. Cette section pourrait discuter des différentes façons d'augmenter ce capital initial, soit par des économies, soit par des activités secondaires pouvant générer des revenus additionnels.

Le choix de l'investissement initial

1. **Investir dans la bourse avec peu de fonds : ** Présentation de plateformes d'investissement qui permettent de commencer avec de petits montants, tout en expliquant les bases de l'investissement en bourse, y compris les actions fractionnées.

2. **Lancer un commerce électronique en dropshipping:** Expliquer comment

démarrer une entreprise de dropshipping avec peu d'argent, en se concentrant sur la recherche de niche, le choix des fournisseurs, et l'utilisation de plateformes comme Shopify ou WooCommerce pour construire un site e-commerce.

3. **Création de contenu numérique :** Discuter de la manière de monétiser sa passion ou son expertise à travers la création de blogues, podcasts, ou vidéos YouTube. Mettre l'accent sur l'importance du référencement SEO, de la régularité du contenu, et des stratégies d'engagement de l'audience.

Utiliser les compétences personnelles

Cette section pourrait explorer comment utiliser des compétences spécifiques ou des talents pour générer des revenus. Quelques idées :
- Freelance writing ou graphique design sur des plateformes comme Fiverr ou Upwork.
- Cours en ligne ou tutoriels vidéo sur des

sujets d'expertise, vendus à travers des plateformes comme Udemy ou Teachable.
- Coaching personnel ou consulting dans des niches spécialisées.

Établir une présence en ligne

Souligner l'importance d'une présence en ligne forte pour la réussite de presque toutes les initiatives de génération de revenus. Cela pourrait inclure la création d'un site web professionnel, l'utilisation des réseaux sociaux pour le marketing et la construction d'une marque personnelle.

Réinvestissez les dividendes

- **Réinvestissez vos gains :** Si vos investissements vous rapportent des dividendes, envisagez de les réinvestir. Cela peut aider à accélérer la croissance de votre portefeuille sans que vous ayez à investir davantage de fonds propres.

Soyez patient et restez cohérent

- **Patience et cohérence :**
L'investissement est un marathon, pas un sprint. Être patient et cohérent avec vos investissements peut mener à une croissance significative sur le long terme, même si votre capital initial est petit.

En suivant ces conseils, vous pouvez efficacement commencer à investir et à générer des revenus même avec un petit capital. L'important est de commencer, d'être stratégique dans vos choix, et de s'engager dans un processus d'apprentissage continu pour maximiser vos chances de succès.

Imaginons l'histoire de Lucie, une jeune professionnelle qui a économisé 1 000 euros et souhaite utiliser ce capital pour générer des revenus supplémentaires. Avec un budget limité, Lucie doit faire preuve de créativité et d'ingéniuté pour investir intelligemment.

Étape 1 : Évaluation et Planification

Lucie commence par évaluer ses compétences, passions et ressources disponibles. Elle est douée en graphisme et a une passion pour le design d'intérieur. Lucie décide d'utiliser son capital pour lancer une petite entreprise de conception de visuels pour les médias sociaux, ciblant spécifiquement les petites entreprises et les entrepreneurs dans le secteur du design d'intérieur.

Étape 2 : Investissement Minimal dans les Outils Nécessaires

Avec une partie de son capital, Lucie achète un abonnement mensuel à un logiciel de design graphique et investit dans la promotion de ses services sur les réseaux sociaux et les plateformes freelances. Elle utilise des templates gratuits en ligne et les personnifie pour créer des visuels uniques et attrayants.

Étape 3 : Création d'un Portefeuille en Ligne

Pour attirer des clients, Lucie sait qu'elle doit présenter ses meilleures créations. Elle consacre du temps à construire un portefeuille en ligne en utilisant un service gratuit de création de sites web. Elle y inclut des échantillons de son travail, des témoignages de clients satisfaits, et des informations claires sur la manière de la contacter pour des commandes.

Étape 4 : Mise en Réseau et Promotion

Lucie se sert des réseaux sociaux pour se connecter avec des entrepreneurs et des propriétaires de petites entreprises dans le design d'intérieur. Elle partage régulièrement ses créations et participe à des conversations pour augmenter sa visibilité. En outre, elle investit un petit montant dans des publicités ciblées sur les réseaux sociaux pour atteindre un public plus large.

Étape 5 : Diversification et Réinvestissement

Après les premiers mois, Lucie commence à obtenir des clients réguliers et ses revenus augmentent progressivement. Elle réinvestit une partie de ses gains pour souscrire à des cours en ligne qui pourraient améliorer ses compétences en design. En outre, Lucie explore de nouvelles niches de marché et étend ses offres pour inclure le design d'emballages et le branding pour de petites entreprises.

Étape 6 : Scalabilité

Avec le temps, la demande pour les services de Lucie croît. Elle décide d'augmenter ses tarifs progressivement tout en maintenant une qualité élevée de son travail. Parallèlement, elle commence à externaliser certaines tâches à d'autres freelancers pour pouvoir accepter plus de projets sans sacrifier sa qualité de vie.

Conclusion

En partant de 1 000 euros seulement, Lucie a réussi à créer un flux de revenus complémentaires stable en exploitant ses compétences existantes et en investissant intelligemment dans la promotion de ses services. Son histoire illustre comment, avec un peu de créativité et beaucoup de détermination, il est possible de générer des revenus supplémentaires même avec un petit capital de départ.

Je vous encourage à rester flexible, à s'adapter aux changements du marché, et à ne pas craindre l'échec, car chaque erreur est une leçon précieuse sur le chemin du succès.

Cas concret : Créer des Revenus avec un Petit Capital pour Max, Aspirant Entrepreneur

Max est un étudiant passionné par le développement d'applications mobiles, mais il dispose d'un budget limité pour investir dans son projet d'entreprise. Malgré les contraintes financières, il est déterminé à trouver des moyens créatifs pour générer des revenus et faire croître son activité avec prudence.

Objectifs et Contraintes de Max :

1. **Objectif - Créer des Revenus avec un Petit Capital :** Lancer une entreprise de développement d'applications mobiles rentable en utilisant des ressources limitées de manière efficace.

2. **Contraintes :**
   - Capital initial limité pour les investissements.
   - Besoin de trouver des stratégies innovantes pour générer des revenus et développer son activité de manière durable.

Stratégies Mises en Place :

1. **Utilisation de Ressources Gratuites :**
   - Max explore des plateformes de développement gratuites et open-source pour

minimiser les coûts initiaux liés à la création des applications.

 - Il s'appuie sur des outils de design gratuits et des tutoriels en ligne pour améliorer ses compétences sans avoir à investir dans des formations onéreuses.

2. **Modèle Économique Créatif : **

 - Max développe un modèle économique axé sur les abonnements mensuels pour ses applications, offrant des fonctionnalités premium en échange d'un paiement récurrent de la part des utilisateurs.

 - Il explore également des partenariats avec des entreprises locales pour intégrer des fonctionnalités sponsorisées dans ses applications en échange de commissions ou de paiements publicitaires.

3. **Marketing à Faible Coût : **

 - Max se concentre sur le marketing digital à faible coût en utilisant les médias sociaux, le référencement organique et le marketing de contenu pour promouvoir ses applications de manière efficace sans avoir à dépenser des sommes considérables en publicité.

- Il s'appuie sur le marketing bouche-à-oreille en encourageant les premiers utilisateurs satisfaits à recommander ses applications à leur réseau.

**Exercice

- Maximiser les Ressources Disponibles : **

1. **Évaluation des Compétences et des Actifs : ** Max identifie ses compétences clés et les ressources qu'il possède déjà, telles que ses connaissances en développement d'applications, son réseau personnel, et ses capacités de marketing.

2. **Analyse des Besoins du Marché : ** Il mène une étude de marché pour identifier les besoins non satisfaits dans le secteur des applications mobiles et choisir un créneau lucratif où ses compétences peuvent être valorisées.

3. **Définition d'un Budget Précis : ** Max établit un budget réaliste en déterminant les

coûts initiaux nécessaires pour lancer son entreprise, et en identifiant les domaines où des économies peuvent être réalisées.

4. **Création d'un Plan d'Action Étape par Étape :** Il élabore un plan d'action détaillé en fixant des objectifs progressifs, en déterminant les étapes clés pour atteindre ces objectifs, et en définissant les ressources requises à chaque étape.

5. **Mesure des Résultats et Ajustement Constant :** Max surveille attentivement les performances de ses applications, analyse les données des utilisateurs, et ajuste sa stratégie en fonction des retours pour optimiser ses revenus et sa croissance.

Cet exercice aide Max à exploiter au maximum ses ressources limitées, à trouver des moyens ingénieux pour générer des revenus et à développer son entreprise de manière rentable malgré son petit capital de départ. En se concentrant sur l'efficacité, la créativité et la croissance durable, Max met en place les bases d'une entreprise prospère et résiliente.

Ce chapitre, bien qu'il fournisse des pistes concrètes pour démarrer avec un petit capital, pourrait être agrémenté de témoignages, d'études de cas, et de conseils d'experts pour motiver et vous guider à travers votre parcours entrepreneurial.

Chapitre 15. Apprendre à Investir

L'introduction de ce chapitre pourrait souligner l'importance de l'investissement dans la construction d'un avenir financier solide. Elle pourrait expliquer comment l'investissement intelligent peut permettre de faire travailler son argent pour soi, plutôt que de simplement travailler pour de l'argent.

Comprendre les bases de l'investissement

1. **Les différents types d'investissement :** Expliquer les différences entre les actions, les obligations, l'immobilier, les fonds communs de placement, etc. Présenter les risques et les rendements associés à chaque catégorie d'investissement.

2. **Déterminer son profil d'investisseur :** Discuter des différents profils d'investisseur, de la gestion du risque, et de l'importance de définir des objectifs clairs avant de commencer à investir.

Étudier les différentes stratégies d'investissement

1. **Investissement à long terme vs. à court terme :** Expliquer les différences et les avantages de chaque approche, en mettant en lumière l'effet de la durée sur les rendements.

2. **Investir dans des actions individuelles vs. des fonds d'investissement :** Comparer les deux approches, en soulignant les avantages de la diversification que les fonds d'investissement offrent.

Apprendre à analyser les investissements

1. **Analyse fondamentale vs. Analyse technique :** Expliquer les bases de ces deux approches d'analyse et comment elles peuvent être utilisées pour prendre des décisions d'investissement éclairées.

2. **Évaluer le potentiel de croissance d'une entreprise :** Introduire les principaux

indicateurs financiers à surveiller et les facteurs clés à prendre en compte lors de l'analyse d'une entreprise.

Gérer un portefeuille d'investissement

Cette section pourrait aborder des questions pratiques sur la gestion d'un portefeuille, y compris la répartition des actifs, la révision régulière du portefeuille, la gestion des gains et des pertes, et les stratégies de rééquilibrage.

Éviter les pièges courants

Il serait important d'inclure une section sur les erreurs les plus courantes commises par les investisseurs débutants, telles que le manque de diversification, le market timing, ou la panique face aux fluctuations du marché.

Claire, une jeune professionnelle de 30 ans, gagne confortablement sa vie, mais jusqu'à récemment, n'avait jamais sérieusement considéré investir son argent. Son épargne se limitait à un compte épargne traditionnel, dont les intérêts étaient si minimes qu'elle ne les remarquait même pas. Inspirée par l'envie de préparer son avenir financier et peut-être de prendre une retraite anticipée, Claire décide qu'il est temps d'apprendre à investir.

Étape 1 : Établir ses objectifs financiers

Claire commence par définir clairement ses objectifs d'investissement. Elle souhaite construire un portefeuille qui lui permettra de prendre une retraite confortable à 60 ans tout en ayant un fonds de secours pour des projets de vie à moyen terme, comme acheter une maison ou financer les études de futurs enfants.

Étape 2 : Évaluation de sa tolérance au risque

Ayant un horizon d'investissement de 30 ans pour la retraite, Claire est prête à accepter un niveau de risque modéré pour obtenir de meilleurs rendements. Pour ses objectifs à moyen terme, elle opte pour des options moins risquées afin de protéger son capital.

Étape 3 : Éducation financière

Claire se lance dans un processus d'éducation financière. Elle lit des livres sur les bases de l'investissement, suit des cours en ligne, et se familiarise avec les termes clés comme "diversification", "actions", "obligations", et "fonds indiciels". Elle apprend également à analyser les options d'investissement, en examinant leur potentiel de croissance, les risques associés, et leur adéquation avec ses objectifs financiers.

Étape 4 : Choix de la stratégie d'investissement

Armée des connaissances acquises, Claire décide d'adopter une stratégie d'investissement à long terme axée sur les fonds indiciels et les ETFs pour sa retraite, privilégiant ainsi la diversification tout en minimisant les frais. Pour ses objectifs à moyen terme, elle opte pour des obligations d'État et des comptes d'épargne à haut rendement.

Étape 5 : Mise en œuvre

Claire ouvre un compte de courtage en ligne et y transfère une partie de ses économies. Elle programme des virements automatiques mensuels de son compte courant vers son compte de courtage pour investir régulièrement dans les fonds choisis. Pour ses objectifs à moyen terme, elle ouvre un livret d'épargne dédié avec un taux d'intérêt compétitif.

Étape 6 : Suivi et ajustement
Tous les six mois, Claire réévalue ses investissements. Elle vérifie la performance de son portefeuille, l'adéquation de sa répartition d'actifs avec ses objectifs et sa tolérance au risque. Elle ajuste ses

investissements si nécessaire pour rester alignée avec ses objectifs financiers.

Un an après avoir commencé à investir, Claire est étonnée de voir combien elle a déjà appris et la croissance qu'a connue son portefeuille d'investissement. Elle sait qu'elle a encore beaucoup à apprendre, mais elle se sent confiante d'avoir pris le contrôle de son avenir financier. Ce qui importe le plus, c'est qu'elle a commencé à prendre des mesures proactives vers ses objectifs, armée des connaissances qu'elle continue d'acquérir sur l'investissement.

Pour devenir un investisseur informé et performant, il est essentiel d'adopter une approche disciplinée et éclairée. Voici des conseils pratiques d'experts en investissement qui peuvent aider tout investisseur, du débutant à l'expérimenté, à améliorer ses compétences et à maximiser ses chances de succès.

1. Formez-vous continuellement

- **Lisez des livres, des articles, et écoutez des podcasts sur l'investissement.**

 Il existe une multitude de ressources disponibles pour comprendre les bases de l'investissement et se tenir informé des tendances du marché.

2. Comprenez votre profil de risque

- **Effectuez des évaluations régulières de votre tolérance au risque.** Votre situation financière et votre état d'esprit vis-à-vis du risque peuvent évoluer. Assurez-vous que vos investissements reflètent toujours votre capacité à tolérer des pertes.

3. Diversifiez votre portefeuille

- **Ne mettez pas tous vos œufs dans le même panier.** Investir dans une variété d'actifs peut réduire votre risque global. La diversification peut inclure différents secteurs, zones géographiques et classes d'actifs (actions, obligations, immobilier, etc.).

4. Adoptez une vision à long terme

- **Soyez patient et évitez les réactions émotionnelles.** Les marchés financiers sont volatils à court terme, mais ont tendance à croître à long terme. Résistez à la tentation de vendre lors d'une baisse du marché ; souvent, rester investi s'avère plus rentable.

5. Utilisez l'automatisation à votre avantage

- **Mettez en place des virements automatiques vers vos comptes d'investissement.** Investir régulièrement, un concept connu sous le nom de "dollar-cost averaging", peut atténuer l'impact de la volatilité du marché sur votre portefeuille.

6. Surveillez les frais d'investissement

Attention aux frais de gestion et aux commissions.

Les frais peuvent considérablement réduire vos rendements à long terme. Optez pour des options d'investissement à faible coût, telles que les fonds indiciels et les ETFs.

7. Ayez un plan et suivez-le

Définissez un plan d'investissement clair basé sur vos objectifs financiers et votre calendrier. Réévaluez et ajustez votre plan si nécessaire, mais évitez les décisions impromptues en réponse aux fluctuations du marché.

8. Gardez un fonds d'urgence

Assurez-vous d'avoir un fonds d'urgence liquide. Investir avec de l'argent dont vous pourriez avoir besoin à court terme peut mener à des décisions de vente précipitées en cas d'urgence financière.

9. Restez informé des actualités économiques et financières

**Suivez les événements économiques et financiers globaux. ** Même si vous adoptez une approche d'investissement passive, comprendre le contexte économique global peut vous aider à prendre des décisions plus éclairées.

10. Considérez l'aide professionnelle

**Envisagez de rencontrer un conseiller financier. ** Si vous sentez dépassé par la planification et la gestion de vos investissements, un professionnel peut vous offrir des conseils adaptés à votre situation personnelle.

En adoptant ces pratiques, vous augmentez vos chances de développer un portefeuille d'investissement solide et résilient, capable de supporter les aléas du marché tout en générant des rendements significatifs à long terme.

Cas concret : Apprendre à Investir pour Laura, Jeune Professionnelle

Laura est une jeune professionnelle ambitieuse souhaitant commencer à investir pour assurer sa stabilité financière à long terme. Ayant peu d'expérience dans le domaine de l'investissement, elle cherche à apprendre les bases pour prendre des décisions éclairées et développer un portefeuille financier solide.

**Objectifs et Contexte de Laura : **

1. **Objectif - Apprendre à Investir : ** Acquérir des connaissances de base en matière d'investissement, définir des objectifs financiers clairs, et commencer à constituer un portefeuille d'investissement diversifié.

2. **Contexte :**
 - La connaissance limitée de Laura en matière d'investissement.
 - Des revenus stables lui permettant de commencer à investir régulièrement.

Stratégies Mises en Place :

1. **Formation et Ressources :**
 - Laura commence par lire des livres sur l'investissement, suivre des cours en ligne, et écouter des podcasts financiers pour se familiariser avec les concepts clés et les stratégies d'investissement.
 - Elle s'inscrit à des ateliers financiers locaux, rencontre des conseillers financiers, et utilise des outils en ligne pour simuler des investissements et comprendre les différents types d'instruments financiers.

2. **Définition des Objectifs d'Investissement :**
 - Laura établit des objectifs financiers clairs à court, moyen et long terme, tels que constituer un fonds d'urgence, épargner pour

l'achat d'une maison, et préparer sa retraite.
   - Elle détermine son profil de risque, son horizon temporel et ses préférences d'investissement pour orienter ses décisions d'investissement.

3. **Diversification du Portefeuille : **
   - Laura apprend à diversifier son portefeuille en investissant dans différents types d'actifs, tels que des actions, des obligations, des fonds communs de placement, et des produits de base, pour réduire les risques et maximiser les rendements potentiels.
   - Elle suit une approche progressiste en commençant par des investissements plus sûrs et à faible risque, avant d'explorer des options plus complexes et dynamiques.

Exercice - Pas à Pas vers l'Investissement: ** 1.Analyse de Situation Financière Actuelle : ** Laura évalue sa situation financière actuelle, y compris ses revenus, ses dépenses, ses dettes, et ses objectifs à long terme pour déterminer sa capacité à commencer à investir.

2. **Identification des Options d'Investissement :** Elle recherche les différentes options d'investissement disponibles, examine leurs avantages, leurs inconvénients et leurs exigences minimales pour décider desquelles correspondent le mieux à ses objectifs et son profil de risque.

3. **Définition d'un Budget d'Investissement :** Laura établit un budget d'investissement mensuel ou périodique tenant compte de ses revenus disponibles et de son plan financier global pour garantir une approche durable et régulière.

4. **Suivi des Performances et Réévaluation :** Elle suit de près les performances de ses investissements, analyse les tendances du marché, et réévalue périodiquement ses décisions d'investissement en fonction de l'évolution de ses objectifs et de son appétit pour le risque.

5. **Éducation Continue :** Laura s'engage à poursuivre son éducation financière, à rester informée des nouvelles tendances du marché et des opportunités d'investissement, et à ajuster sa stratégie en conséquence pour optimiser ses rendements à long terme.

En suivant cet exercice pas à pas, Laura peut progressivement acquérir les compétences nécessaires pour investir de manière éclairée, atteindre ses objectifs financiers, et bâtir un avenir financier solide et prospère.

Conclusion

Terminer en résumant les points clés abordés dans le chapitre, en mettant l'accent sur l'importance de l'éducation continue, de la patience, et de la discipline dans le processus d'investissement.

Je vous encourage à commencer petit, à apprendre de vos erreurs, et à rester fidèle à vos objectifs à long terme.

Chapitre 16. Les cryptomonnaies, les dividendes, l'or

L'investissement est un domaine vaste et diversifié, offrant de multiples véhicules pour grandir son patrimoine. Parmi eux, les cryptomonnaies, les dividendes issus des actions, et l'or présentent des caractéristiques, des avantages et des risques distincts qui peuvent attirer différents types d'investisseurs selon leurs objectifs et leur tolérance au risque. Examinons chacun de ces trois types d'investissements :

Cryptomonnaies

Les cryptomonnaies sont des actifs numériques conçus pour fonctionner comme un moyen d'échange qui utilise une cryptographie forte pour sécuriser les transactions financières, contrôler la création de nouvelles unités, et vérifier le transfert d'actifs. Le Bitcoin, la première et la plus connue des cryptomonnaies, a été lancé en 2009. Depuis, des milliers d'autres cryptomonnaies ont été créées.

Avantages :
- **Potentiel de rendement élevé :** Certaines cryptomonnaies ont vu leur valeur augmenter de manière spectaculaire sur de courtes périodes.
- **Liquidité :** Les marchés des cryptomonnaies fonctionnent 24/7, offrant une haute liquidité.
- **Innovation :** L'investissement dans la technologie blockchain et les cryptomonnaies signifie un investissement dans une technologie de rupture.

Risques :
- **Volatilité :** Les prix des cryptomonnaies peuvent connaître d'énormes fluctuations en peu de temps.
- **Régulation :** L'environnement réglementaire autour des cryptomonnaies est encore en développement, ce qui pourrait introduire des risques supplémentaires.
- **Sécurité :** Les actifs numériques sont susceptibles aux piratages et aux fraudes si pas correctement sécurisés.

Dividendes

Les dividendes représentent une portion des bénéfices d'une entreprise versée à ses actionnaires, généralement sur une base trimestrielle. Ils offrent aux investisseurs un revenu régulier et peuvent être réinvestis pour acheter plus d'actions, exploitant ainsi la puissance de la capitalisation.

**Avantages : **
- **Revenu régulier : ** Fournit un flux constant de revenus, qui peut être particulièrement attractif pour les investisseurs recherchant un revenu passif ou pour les retraités.
- **Moins de volatilité : ** Les entreprises qui versent régulièrement des dividendes tendent à être plus stables et moins volatiles que les entreprises de croissance qui ne versent pas de dividendes.
- **Indicateur de santé financière : ** Le paiement régulier de dividendes peut indiquer une bonne santé financière et une discipline fiscale de l'entreprise.

**Risques : **
- **Coupe des dividendes : ** En cas de difficultés financières, une entreprise peut réduire ou éliminer son dividende, ce qui affecte négativement les revenus des investisseurs.
- **Croissance plus lente : ** Les entreprises qui versent des dividendes réinvestissent potentiellement moins de revenus dans la croissance future de l'entreprise.

L'Or

L'or a été valorisé par les civilisations à travers l'histoire pour sa rareté et sa beauté, servant de monnaie, de réserve de valeur, et d'investissement.

**Avantages : **
- **Refuge sûr : ** L'or est souvent considéré comme une valeur refuge en temps de crise économique ou de volatilité des marchés.
- **Hedge contre l'inflation : ** Historiquement, l'or a maintenu sa valeur au

fil du temps, servant de couverture contre l'inflation.
- **Diversification : ** Ajouter de l'or à un portefeuille peut aider à le diversifier, réduisant ainsi le risque global.

**Risques : **
- **Pas de revenu : ** L'or ne produit pas de revenu tel que des dividendes ou des intérêts.
- **Coûts de stockage : ** L'or physique nécessite un stockage sécurisé, qui peut entraîner des coûts supplémentaires.
- **Volatilité : ** Bien que moins volatil que les cryptomonnaies, le prix de l'or peut tout de même connaître de fortes fluctuations.

Chacun de ces types d'investissement présente un ensemble unique de caractéristiques, d'avantages et de risques. Les cryptomonnaies peuvent offrir des rendements élevés mais avec une volatilité importante, les dividendes fournissent un revenu régulier avec potentiellement moins de croissance, et l'or est un refuge sûr qui n'offre cependant aucun revenu passif.

La clé d'un portefeuille d'investissement réussi est souvent la diversification, ce qui signifie que combiner judicieusement ces actifs, en fonction de votre tolérance au risque et de vos objectifs d'investissement, peut aider à équilibrer potentiel récompense et risque

Chapitre 17. Sociétés immobilières et sous location

Les sociétés immobilières et la sous-location peuvent jouer un rôle essentiel dans les stratégies d'investissement immobilier. Bien qu'elles offrent des opportunités de générer des revenus, il est important de comprendre leurs dynamiques, avantages, et les considérations légales qui les entourent.

Sociétés Immobilières

Les sociétés immobilières, souvent structurées sous forme de Sociétés Civiles de Placement Immobilier (SCPI) ou de Real Estate Investment Trusts (REITs), permettent aux investisseurs d'acheter des parts ou des actions représentant une participation dans des portefeuilles immobiliers diversifiés. Ces entités possèdent, gèrent, ou financent des propriétés qui produisent des revenus.

Avantages :
- **Diversification :** Les investisseurs

peuvent accéder à un large éventail de biens immobiliers, réduisant ainsi le risque associé à l'investissement dans une seule propriété.
- **Gestion professionnelle :** Les sociétés immobilières prennent en charge l'entretien, la gestion des locataires, et les aspects administratifs.
- **Liquidité :** Les actions de REITs, par exemple, se négocient sur des bourses publiques, offrant plus de liquidité que l'investissement direct dans l'immobilier.

Considérations :
- **Risques du marché :** La valeur des sociétés immobilières peut être influencée par les fluctuations du marché immobilier et économique.
- **Frais :** Les frais de gestion et autres peuvent réduire les rendements.

Sous-location

La sous-location implique la location d'un bien immobilier loué à un tiers. Par exemple, un locataire principal peut sous-louer tout ou partie de l'espace locatif à un sous-locataire. Cela peut être attractif pour les locataires souhaitant réduire leurs charges locatives ou pour ceux qui cherchent à monétiser un espace inutilisé.

**Avantages : **
- **Flexibilité financière : ** La sous-location peut offrir une source de revenus supplémentaires pour les locataires, les aidant à couvrir une partie ou la totalité de leur loyer.
- **Utilisation efficace de l'espace : ** Permet une utilisation plus efficace de l'espace disponible, en particulier dans les zones à forte demande locative.

**Considérations : **
- **Accord du bailleur : ** La plupart des contrats de location exigent l'accord du bailleur pour permettre la sous-location. Ignorer cette exigence peut entraîner des conséquences juridiques.
- **Responsabilité : ** Le locataire principal reste responsable du paiement du loyer au

propriétaire et du respect du contrat de location original, indépendamment des arrangements de sous-location.
- **Risque de suroccupation :** Il est crucial de s'assurer que la sous-location n'entraîne pas une surutilisation de la propriété, ce qui pourrait causer des dommages ou violer les règlements locaux.

Aspects Légaux et Éthiques

La réussite des investissements dans des sociétés immobilières ou dans la sous-location dépend fortement de la connaissance et du respect des lois et régulations en vigueur. Les investisseurs doivent se familiariser avec les aspects légaux, fiscaux et réglementaires de leurs investissements pour éviter des litiges coûteux ou des pertes financières.
Investir dans des sociétés immobilières, y compris les sociétés civiles de placement immobilier (SCPI) et les Real Estate Investment Trusts (REITs), peut-être une stratégie lucrative pour diversifier votre

portefeuille d'investissement tout en bénéficiant potentiellement de revenus locatifs réguliers. Voici des conseils pratiques d'experts pour naviguer cet aspect de l'investissement immobilier :

1. Comprendre le fonctionnement des SCPI et REITs

Avant d'investir, familiarisez-vous avec les mécanismes spécifiques des SCPI et REITs. Les SCPI fonctionnent par l'acquisition et la gestion d'un patrimoine immobilier, dont les bénéfices sont redistribués aux associés. Les REITs, cotés en bourse, permettent d'investir dans des portefeuilles immobiliers tout en bénéficiant d'une certaine liquidité.

2. Évaluer la qualité du portefeuille immobilier

Examinez attentivement la composition du portefeuille de la société immobilière. Préférez des entreprises possédant des biens dans des localisations à fort potentiel de croissance et de rentabilité. La diversité du portefeuille en termes de type de biens (bureaux, commerces, logements) et de leur emplacement géographique peut également être un facteur de réduction du risque.

3. Analyser les performances historiques

Bien que les performances passées ne préjugent pas des résultats futurs, elles peuvent donner des indications importantes sur la compétence de la gestion et la stabilité de la société. Vérifiez les historiques de distribution de dividendes et l'évolution de la valeur des parts ou actions.

4. Décrypter les frais

Les sociétés immobilières impliquent souvent des frais de gestion et d'entrée qui peuvent diminuer le rendement global de l'investissement. Assurez-vous de bien comprendre ces coûts et de les comparer à ceux d'autres sociétés similaires avant de prendre votre décision.

5. Étudier la stratégie de gestion

La qualité de la gestion est cruciale dans l'investissement immobilier. Analysez la stratégie d'acquisition, de développement, et de gestion des biens de la société. Une bonne société immobilière devrait avoir une vision stratégique claire et démontrer sa capacité à s'adapter aux évolutions du marché.

6. Se méfier des promesses de rendement élevé

Si un investissement semble trop beau pour être vrai, c'est probablement le cas. Les rendements exceptionnellement élevés peuvent cacher des risques tout aussi élevés ou des frais cachés. Une approche prudente et un investissement après mûre réflexion sont recommandés.

7. Penser à long terme

L'immobilier est traditionnellement un investissement à long terme. Les fluctuations du marché peuvent affecter la performance des sociétés immobilières à court terme, mais une vision à long terme permet souvent de lisser ces variations et de bénéficier de la croissance sur le long terme.

8. Diversifier au sein de l'immobilier

Ne mettez pas tous vos œufs dans le même panier immobilier. Investir dans différents types de SCPI ou REITs, ou combiner ces investissements avec d'autres types d'actifs immobiliers, peut aider à réduire le risque global.

9. Considérer les implications fiscales

Les revenus générés par les sociétés immobilières peuvent avoir des implications fiscales spécifiques. Informez-vous auprès d'un conseiller fiscal pour comprendre comment ces revenus s'intègrent dans votre situation fiscale personnelle.

10. Restez informé

L'immobilier est un marché en constante évolution. Restez informé des tendances du marché, des modifications réglementaires et des facteurs économiques pouvant influencer la performance de vos investissements.

En appliquant ces conseils, vous serez mieux préparé pour faire des choix d'investissement éclairés dans le domaine des sociétés immobilières, en maximisant vos chances de succès tout en gérant les risques associés.

Cas concret : Diversification des Investissements pour Nadia

Nadia est une investisseuse en herbe cherchant à développer un portefeuille financier diversifié pour sécuriser son avenir financier. Elle s'intéresse à trois classes d'actifs différentes : les cryptomonnaies, les dividendes d'actions et l'or. En explorant différentes options d'investissement, Nadia cherche à prendre des décisions éclairées pour maximiser ses rendements et réduire les risques.

**Objectifs et Contexte de Nadia : **

1. **Objectif - Diversification des Investissements : ** Comprendre les aspects clés des cryptomonnaies, des dividendes d'actions et de l'or, et établir un portefeuille équilibré incluant ces trois classes d'actifs.

2. **Contexte : **
   - Nadia est ouverte à apprendre de nouvelles opportunités d'investissement et à diversifier son portefeuille pour minimiser les risques.
   - Elle souhaite maximiser ses rendements tout en tenant compte de sa tolérance au risque et de ses objectifs financiers à long terme.

**Stratégies Mises en Place : **

1. **Cryptomonnaies : **
   - Nadia commence par se familiariser avec les cryptomonnaies, en comprenant les concepts fondamentaux de la blockchain, les différents types de cryptomonnaies et les plateformes d'échange sécurisées.
   - Elle suit l'évolution des principales cryptomonnaies comme le Bitcoin et l'Ethereum, analyse les tendances du marché et élabore une stratégie d'investissement basée sur ses recherches et sa compréhension.

2. **Dividendes d'Actions : **
   - Nadia étudie les différents types d'actions versant des dividendes, les entreprises solides proposant des rendements intéressants et la manière de constituer un portefeuille d'actions diversifié axé sur les dividendes.
   - Elle tient compte de la croissance du capital, des rendements des dividendes et de

la stabilité des entreprises avant de sélectionner les actions les plus adaptées à sa stratégie d'investissement.

3. **Investissement dans l'Or : **
   - Nadia explore les avantages de l'or en tant que valeur refuge historique, les différentes manières d'investir dans l'or (physique, ETF, contrats à terme, sociétés minières) et les facteurs influençant les prix de l'or.
   - Elle évalue l'or comme un actif de diversification pour son portefeuille, offrant une protection contre l'inflation, la volatilité du marché et les crises économiques.

**Exercice - Construction d'un Portefeuille Diversifié : **

1. **Analyse des Options d'Investissement : ** Nadia passe en revue les caractéristiques, les avantages et les risques des cryptomonnaies, des dividendes d'actions et de l'or, en identifiant comment chacun peut contribuer à un portefeuille diversifié.

2. **Définition des Objectifs Financiers :** Elle clarifie ses objectifs financiers à court et long terme, détermine son profil de risque et ses préférences de rendement pour orienter ses décisions d'investissement.

3. **Répartition du Portefeuille :** Nadia réfléchit à la répartition idéale de son portefeuille entre les cryptomonnaies, les dividendes d'actions et l'or, en tenant compte de sa tolérance au risque, de ses objectifs de revenus et de ses perspectives de croissance.

4. **Suivi et Réévaluation :** Elle surveille régulièrement les performances de ses investissements, révise périodiquement sa stratégie de portefeuille en fonction des évolutions du marché et des changements de ses objectifs financiers.

En suivant cet exercice, Nadia peut construire un portefeuille diversifié tirant parti des avantages de chacune de ces classes d'actifs, augmentant ainsi ses chances de réussite, de croissance durable et de sécurité financière à long terme.

Conclusion

L'investissement dans des sociétés immobilières offre une voie vers la diversification et la gestion professionnelle de l'immobilier, tandis que la sous-location peut fournir une stratégie flexible pour maximiser les revenus locatifs. Cependant, chaque approche exige une attention particulière aux détails juridiques et financiers, ainsi qu'une compréhension claire des obligations et des risques impliqués. Comme avec toute forme d'investissement, une due diligence approfondie et une planification stratégique sont essentielles.

Chapitre 18. La réussite rend heureux

La relation entre la réussite et le bonheur est un sujet complexe et fascinant, souvent abordé dans le domaine de la psychologie et du développement personnel. Pour beaucoup de gens, la réussite est un facteur important qui contribue à leur bien-être et à leur sentiment de bonheur. Voici quelques perspectives sur la façon dont la réussite peut influencer le bonheur :

Sentiment d'Accomplissement

La réussite, qu'elle soit professionnelle, personnelle, ou tout autre domaine, peut être source d'un profond sentiment d'accomplissement. Atteindre des objectifs, surmonter des obstacles, et se voir progresser vers ses aspirations peuvent apporter une satisfaction personnelle significative et renforcer l'estime de soi.

Impact sur la Qualité de Vie
La réussite peut souvent améliorer la qualité de vie d'une personne. Cela peut se traduire

par un meilleur accès à l'éducation, à des soins de santé de qualité, à des opportunités économiques, et à un niveau de vie plus élevé. Ces éléments peuvent contribuer au bien-être global et au bonheur d'une personne.

Autonomie et Contrôle

Atteindre le succès peut accroître le sentiment d'autonomie et de contrôle sur sa vie. Cela peut offrir la possibilité de prendre des décisions éclairées, de façonner son propre destin, et de jouer un rôle actif dans la réalisation de ses objectifs.

Relation avec les Autres

La réussite professionnelle ou personnelle peut également avoir un impact positif sur les relations interpersonnelles. Elle peut renforcer les liens familiaux, amicaux, et professionnels, favoriser la reconnaissance et le respect des pairs, et contribuer à un sentiment d'appartenance et de connexion sociale.

Équilibre et Épanouissement

La réussite n'est pas seulement mesurée par des réalisations tangibles, mais aussi par le sentiment de bien-être général et d'épanouissement personnel. Un équilibre entre les différentes sphères de la vie, y compris le travail, la santé, les relations sociales, les loisirs, contribue à une vie réussie et épanouissante.

Perspectives et Objectifs

La réussite peut également être perçue comme un moteur pour la croissance personnelle et le développement continu. Atteindre un certain niveau de succès peut inciter à se fixer de nouveaux défis, à explorer de nouveaux horizons, et à continuer à s'épanouir sur le plan personnel et professionnel.

En fin de compte, la relation entre la réussite et le bonheur est subjective et varie d'une personne à l'autre. Ce qui importe le plus est de définir ses propres définitions de la réussite et du bonheur, en tenant compte de ses valeurs, de ses priorités et de ses aspirations personnelles. Trouver un équilibre entre l'accomplissement de ses objectifs et le maintien d'un bien-être émotionnel et social peut être la clé pour cultiver un sentiment profond de bonheur et de satisfaction dans la vie.

Cas concret : L'Équilibre entre Réussite et Bonheur pour Marc, Entrepreneur Accompli

Marc est un entrepreneur à succès ayant fondé une entreprise prospère dans le secteur des technologies. Malgré son succès professionnel, il réalisé qu'il était devenu déséquilibré, concentrant toute son énergie sur sa carrière au détriment de son bien-être personnel et de sa vie familiale. Déterminé à rétablir l'équilibre entre réussite et bonheur, Marc décide de revoir ses priorités et de redéfinir ce que signifie vraiment le succès pour lui.

**Objectifs et Contexte de Marc : **

1. **Objectif - Équilibre entre Réussite et Bonheur : ** Trouver un équilibre entre son succès professionnel et son bonheur personnel, en s'assurant que sa réussite lui apporte satisfaction et épanouissement dans tous les aspects de sa vie.

2. **Contexte : **
   - Marc a connu une croissance rapide dans sa carrière, mais a constaté un épuisement professionnel et un manque de connexion avec sa famille et ses proches.
   - Il souhaite redécouvrir sa passion pour l'entrepreneuriat tout en maintenant une vie équilibrée et enrichissante.

**Stratégies Mises en Place : **

1. **Redéfinition du Succès : **
Marc commence par reconsidérer sa définition de la réussite, en intégrant des aspects tels que le bien-être, la santé mentale, les relations personnelles et le sentiment d'accomplissement personnel dans son évaluation du succès.

2. **Établissement de Priorités : **
Il identifie les domaines clés de sa vie qui méritent son attention, qu'il s'agisse de sa carrière, de sa famille, de sa santé, de ses loisirs ou de son développement personnel, et hiérarchise ses priorités en conséquence.

3. **Gestion du Temps et Déléguer les Responsabilités : **
Marc met en place une structure de gestion du temps plus efficace, délègue certaines tâches professionnelles et personnelles pour alléger sa charge de travail et se permettre des intervalles de repos et de récupération.

4. **Cultiver le Bien-être :**

Il intègre des pratiques de bien-être dans sa routine quotidienne, comme la méditation, l'exercice physique, la lecture, la nature, en veillant à prendre soin de son propre bien-être émotionnel et physique.

5. **Renforcer les Relations Personnelles :**

Marc accorde plus d'attention à ses relations familiales et sociales, investit du temps de qualité avec ses proches, et développe des liens authentiques pour renforcer son réseau de soutien et de connexion.

Conclusion :

En adoptant ces stratégies et en réévaluant sa vision du succès, Marc parvient à trouver un équilibre harmonieux entre sa réussite professionnelle et son bonheur personnel. Il découvre que le véritable succès ne réside pas seulement dans les réalisations extérieures, mais aussi dans le bien-être intérieur, les relations humaines enrichissantes et l'harmonie dans tous les aspects de sa vie. En réalignant ses priorités et en cultivant un équilibre durable entre réussite et bonheur, Marc parvient à mener une vie plus épanouissante et équilibrée

Autres exemples de réussites :

Réussir dans l'éducation de ses enfants est souvent considéré comme l'une des plus belles réussites pour de nombreux parents. Voici pourquoi cela peut être une source de bonheur et de satisfaction :

Impact Profond

Veiller à ce que ses enfants grandissent en étant équilibrés, éduqués, et épanouis peut avoir un impact profond et durable sur leur vie. Les valeurs, les compétences et les leçons transmises par les parents peuvent façonner le parcours de vie de leurs enfants et contribuer à leur succès ultérieur.

Relation Parent-Enfant

Investir du temps, de l'énergie et de l'amour dans l'éducation de ses enfants renforce souvent le lien qui les unit. Une relation solide et positive entre parents et enfants, basée sur la communication, la confiance, et le soutien mutuel, peut être une source de grande satisfaction et de bonheur pour les deux parties.

Accomplissement Personnel

Voir ses enfants réussir, s'épanouir et devenir des adultes responsables peut être une source d'accomplissement personnel pour les parents. Assister aux étapes importantes de leur développement, célébrer leurs réussites et les voir tracer leur propre chemin dans la vie peut être une fierté immense.

Impact sur la Société

Des enfants bien éduqués et équilibrés ont souvent un impact positif sur la société dans son ensemble. Ils sont plus susceptibles de contribuer de manière constructive à la communauté, devenir des citoyens engagés et de mener des vies éthiques et responsables.

Héritage et Pérennité

La transmission des valeurs, des traditions familiales et de l'éducation de génération en génération crée un héritage familial qui peut perdurer longtemps après la vie des parents. Savoir que l'on a semé des graines de sagesse et d'amour qui continueront à grandir dans les générations futures peut être une source de grande satisfaction.

Support et Reconnaissance

Pendant le parcours d'éducation des enfants, recevoir le soutien et la reconnaissance de leur part peut renforcer les liens familiaux. Cela crée un climat de confiance et de gratitude mutuelle qui nourrit le bonheur familial.

En somme, réussir dans l'éducation de ses enfants va bien au-delà des simples accomplissements. C'est une expérience profonde et significative qui apporte une joie indescriptible, une gratitude immense et une satisfaction durable. Les parents investissent dans l'avenir en élevant leurs enfants, façonnant ainsi la prochaine génération et contribuant à un monde meilleur et plus équilibré.

Réussir dans son mariage est une réussite gratifiante et significative pour de nombreux couples. Voici pourquoi la réussite d'un mariage peut être une belle réussite :

Relation Solide et Épanouie

Un mariage réussi repose souvent sur une relation solide, basée sur la confiance, le respect, la communication et le soutien mutuel. Cultiver une relation épanouie peut être une source de bonheur et de satisfaction profonde pour les conjoints.

Croissance Personnelle et Mutuelle

Traverser avec succès les hauts et les bas d'une relation de couple peut favoriser la croissance personnelle et le développement émotionnel des individus. Apprendre à faire face ensemble aux défis, à résoudre les conflits et à grandir en tant qu'individus peut renforcer le lien entre les partenaires.

Partage de Moments de Joie et de Difficultés

Dans un mariage réussi, les conjoints partagent non seulement les moments de bonheur et de succès, mais aussi les épreuves et les difficultés. Surmonter ensemble les défis renforce la solidarité et la complicité du couple.

Soutien et Célébration

Réussir dans son mariage signifie offrir et recevoir un soutien inconditionnel de la part de son partenaire. Se sentir soutenu, compris et aimé dans toutes les circonstances peut nourrir le bonheur et l'épanouissement au sein du couple.

Relation Modèle pour les Enfants

Un mariage réussi peut servir de modèle positif pour les enfants et les générations à venir. Offrir un exemple solide de partenariat, de communication saine et de résolution positive des conflits peut avoir un impact durable sur la famille et la société.

Engagement et Pérennité

Réussir dans un mariage implique souvent un engagement fort envers son partenaire et une intention de persévérer malgré les défis. La capacité à rester engagé, à travailler sur la relation et à envisager l'avenir ensemble peut favoriser la durabilité et le bien-être du couple.

Bonheur et Épanouissement

Un mariage réussi peut être une source de bonheur et d'épanouissement dans la vie quotidienne. Partager des moments de complicité, de rires, de projets communs et de souvenirs précieux peut enrichir la vie des conjoints et renforcer leur lien affectif.

En définitive, réussir dans son mariage est bien plus qu'une simple réalisation personnelle. C'est le fruit d'un engagement mutuel, d'un investissement continu dans la relation, et d'une volonté de cultiver l'amour, la compréhension et le respect au sein du couple. C'est une précieuse réussite qui peut apporter une profonde satisfaction, un bonheur durable et un sentiment de plénitude dans la vie de chaque partenaire.

Chapitre 19. Exemple de personnalités qui ont réussi remarquablement

De nombreuses personnalités à travers le monde ont incarné le concept de réussite dans divers domaines, en surmontant souvent des obstacles considérables pour atteindre leurs objectifs. Leur parcours peut servir d'inspiration et de modèle pour ceux qui cherchent à réussir dans leurs propres vies. Voici quelques exemples emblématiques :

1. ** Barack Obama **

Barack Obama incarne un exemple remarquable de réussite et de persévérance, une histoire qui continue d'inspirer des millions de personnes à travers le monde. Sa campagne présidentielle de 2008, sous le slogan "Yes We Can", est devenue un symbole d'espoir et de changement, pas seulement aux États-Unis mais également à l'échelle mondiale. Ce slogan a capturé l'essence d'un mouvement qui croyait profondément en la possibilité du renouveau et de la transformation à une époque de défis économiques et sociaux.

L'héritage d'Obama dépasse donc les frontières américaines ; il est une source d'inspiration pour les leaders et les individus qui cherchent à instaurer un changement positif dans leurs communautés et au-delà. La trajectoire de sa vie rappelle que, malgré les obstacles, avec de la détermination et un esprit collectif, "Yes We Can" devenir une réalité pour chacun.

2. **Steve Jobs** - Co-fondateur d'Apple Inc., Jobs est célèbre pour avoir révolutionné plusieurs industries, de l'informatique personnelle au cinéma d'animation, en passant par la musique et la téléphonie mobile. Son parcours, marqué par des hauts et des bas, symbolise la persévérance et l'innovation.

3. **Oprah Winfrey** - Partie de conditions de vie très modestes et difficiles, Oprah est devenue l'une des personnalités médiatiques les plus influentes au monde. Animatrice, productrice, et philanthrope, elle a su utiliser

sa plateforme pour promouvoir l'éducation, la santé, et le bien-être.

4. **Nelson Mandela** - Figure emblématique de la lutte contre l'apartheid en Afrique du Sud, Mandela a passé 27 ans en prison avant devenir le premier président noir du pays. Son dévouement à la cause de la liberté et de l'égalité lui a valu une reconnaissance mondiale et le prix Nobel de la paix.

5. ** Youssou N'Dour -La trajectoire de Youssou N'Dour incarne une réussite multidimensionnelle. Elle montre qu'au-delà des succès personnels et professionnels, la capacité d'influencer positivement la société et de se battre pour des causes importantes est une facette essentielle de la réussite. En tant qu'artiste, entrepreneur, et homme politique, Youssou N'Dour continue d'inspirer de nombreuses personnes à travers le monde par son talent, sa vision, et son engagement indéfectible envers le bien-être et l'avancement de sa communauté et de son

continent.

Youssou N'Dour, au-delà de sa carrière impressionnante en tant que musicien, chanteur et compositeur sénégalais, a également joué un rôle significatif en tant que philanthrope et entrepreneur, contribuant ainsi à la création d'emplois et au soutien des jeunes dans son pays et au-delà.

6. **Marie Curie** - Physicienne et chimiste d'origine polonaise, Marie Curie a été la première femme à recevoir un prix Nobel et reste à ce jour la seule personne à en avoir reçu deux dans deux sciences différentes (physique et chimie). Ses découvertes sur la radioactivité ont ouvert la voie à des avancées significatives en science et en médecine.

7. **Aliko Dangote est un exemple éminent de réussite dans le monde des affaires en Afrique et à l'échelle internationale. En partant de peu, Dangote a bâti un empire industriel et commercial qui s'exerce principalement dans la production de ciment,

de sucre, de farine, de sel, et récemment, il s'est lancé dans la raffinerie de pétrole ainsi que dans l'agriculture.

L'exemple d'Aliko Dangote est une source d'inspiration pour de nombreux entrepreneurs en Afrique et partout dans le monde. Sa réussite souligne l'importance de la vision, de la persévérance, de l'adaptabilité, et de l'engagement social dans le parcours entrepreneurial.

8. **Elon Musk** - Entrepreneur à succès dans des domaines aussi variés que le paiement en ligne (PayPal), la voiture électrique (Tesla), et l'exploration spatiale (SpaceX), Musk est souvent cité comme une incarnation de l'innovation et de l'ambition dans le monde des affaires technologiques modernes.

9. **Malala Yousafzai** - Militante pakistanaise pour l'éducation des filles et la plus jeune lauréate du prix Nobel de la paix, Malala est devenue un symbole mondial du courage et de la résistance face à l'oppression

après avoir survécu à une tentative d'assassinat par les Talibans.

10. **Serena Williams** - Considérée comme l'une des plus grandes athlètes féminines de tous les temps, Serena Williams a dominé le tennis féminin pendant plus de deux décennies, remportant 23 titres du Grand Chelem en simple et de nombreux autres en double, tout en surmontant des blessures et des obstacles personnels.

Ces individus illustrent que la réussite peut prendre de nombreuses formes - qu'il s'agisse de réussites entrepreneuriales, scientifiques, sportives, ou de contributions à la société. Bien que leurs domaines d'activité soient variés, tous partagent un engagement profond à poursuivre leurs passions et à surmonter les défis, montrant que le chemin vers la réussite est souvent pavé de persévérance, de détermination, et d'une volonté inébranlable de faire une différence dans le monde.

Conclusion

La réussite, qu'elle soit définie sur le plan personnel, professionnel, relationnel ou autre, peut-être une quête profondément enrichissante et significative dans la vie de chacun. Elle va au-delà de la simple réalisation d'objectifs ou de l'atteinte de certaines normes de réussite conventionnelles

La réussite peut aussi enseigner l'importance de l'adaptabilité et de la résilience. Faire face aux défis, rebondir face à l'adversité, s'adapter aux changements et aux imprévus sont des compétences clés pour naviguer sur le chemin de la réussite.

En fin de compte, la réussite est une quête personnelle et subjective, qui implique des défis, des triomphes, des leçons et des moments de joie. Elle peut prendre des formes diverses et variées, mais elle est souvent associée à la poursuite de ses aspirations, au développement de relations harmonieuses, et au sentiment de réalisation personnelle. Que ce soit dans le domaine professionnel, familial, relationnel ou personnel, la réussite peut être un chemin vers la satisfaction, le bonheur et l'épanouissement dans la vie.

REMERCIEMENTS

Chers lecteurs,

En ce moment de réflexion et de gratitude, je tiens à exprimer mes sincères remerciements à ceux qui ont façonné l'homme que je suis aujourd'hui. À mes parents pour l'éducation bienveillante et les valeurs profondes qu'ils m'ont inculquées, je vous suis éternellement reconnaissant. Chaque leçon de vie, chaque moment d'amour et de soutien ont formé les fondations de mon parcours.

Dédicace

À ma chère mère, qui repose maintenant en paix et dont la douce mémoire continue d'éclairer mon chemin, que la terre de Yoff lui soit légère. Tes sacrifices, ta sagesse et ton amour inconditionnel demeurent une inspiration constante dans ma vie. Tu seras toujours présente dans mon cœur et mes pensées, me guidant avec bienveillance de là où tu veilles sur nous.

A mon père, figure paternelle qui m'a inspiré et guidé tout au long de mon apprentissage, ma référence.

À ma sœur, Mané, tu as été ma complice, ma confidente et mon exemple de générosité et de force. Merci d'avoir partagé avec moi les hauts et les bas de la vie, de m'avoir montré la valeur de l'entraide et de l'amour inconditionnel. À mes frères et sœurs, qui ont toujours été présents pour moi, je vous adresse toute ma gratitude et mon amour.

À mon épouse Nina, à Annie et à Saïd, pour leur gentillesse sans bornes, leur soutien indéfectible et leurs délicieux repas qui ont égayé nos moments en famille, je vous remercie du fond du cœur. Votre présence dans ma vie est un cadeau précieux que je chéris chaque jour.

Enfin, à mes professeurs, je vous dois une dette de reconnaissance immense. Vos connaissances, vos encouragements et votre engagement ont nourri ma soif de savoir et m'ont aidé à grandir en tant qu'individu.

À tous ceux qui ont croisé mon chemin et ont contribué à ma croissance personnelle et professionnelle, je vous adresse mes plus sincères remerciements. Vos enseignements, votre amour et votre soutien ont été les pierres angulaires de ma réussite et de mon épanouissement.

Merci pour tout.

Avec gratitude,

Madiop Auguste DIALLO

Lexique :

Dollar-cost averaging = l'étalement du coup du dollar

ETFs = Exchange Traded Funds = Fonds négociés en bourse

Référencement SEO = (Search Engine Optimization)

Freelancers = freelancers

SCPI (Sociétés Civiles de Placement Immobilier)

REITs : Real Estate Investment Trusts

Crowdfunding : est un échange de fonds entre individus en dehors des circuits financiers institutionnels, afin de financer un projet via une plateforme en ligne.

Biographie

Nom : Madiop Auguste DIALLO

Madiop Auguste DIALLO est un ingénieur en informatique franco sénégalais passionné de technologie et de littérature. Diplômé de l'École SUPINFO INTERNATIONAL UNIVERSITY DE PARIS avec une spécialisation en génie logiciel.

Passionné par la polyvalence des langues, Auguste est trilingue, maîtrisant le français, l'anglais, et le wolof sa langue natale. Il utilise cette compétence dans son travail pour construire des ponts entre les différentes équipes internationales,

Outre son expertise technique, Auguste consacre son temps libre à apprendre de

nouvelles langues et à explorer la linguistique comparative. Cette passion lui permet de s'immerger dans des cultures diverses et d'intégrer ces expériences dans ses approches de résolution de problèmes informatiques.

Aujourd'hui, Auguste continue de s'investir dans le développement de solutions qui élargissent les horizons du livre électronique, tout en préparant un recueil de nouvelles inspirées par les histoires cachées derrière les algorithmes qu'il côtoie au quotidien. Sa vie est une tapisserie riche où se mêlent les fils de la prose et ceux des codes informatiques, tous deux tissés avec une passion égale et débordante.

TABLE DES MATIÉRES

Chapitre 1. La Définition du Succès

Chapitre 2. La Connaissance de Soi

Chapitre 3. Fixer des Objectifs Réalisables

Chapitre 4. La Persévérance

Chapitre 5. Entourez-vous des Bons

Chapitre 6. La Gestion du Temps

Chapitre 7. Connaitre les banques

Chapitre 8. Finances personnelles

Chapitre 9. L'Apprentissage Continu

Chapitre 10. L'important n'est pas combien vous gagnez mais comment le gagner

Chapitre 11. Avoir envie de réussir.

Chapitre 12. Les clés de la réussite

Chapitre 13. Oser se lancer et relever les défis

Chapitre 14. Créer des revenus avec un petit capital

Chapitre 15. Apprendre à Investir

Chapitre16. Les cryptomonnaies, les dividendes, l'or

Chapitre 17. Sociétés immobilières et sous location

Chapitre 18. La réussite rend heureux

Chapitre 19. Exemple de personnalités qui ont réussi remarquablement.

Conclusion

Remerciements

Lexique

Biographie

www.ingramcontent.com/pod-product-compliance
Lightning Source LLC
Chambersburg PA
CBHW052155220526
45471CB00004B/1693